TÖPFCHENTRAINING WINDELFREI

JANINA HASENKAMP

1.AUFLGE

HAFTUNGSAUSSCHLUSS

Dieses Buch ist als Informationsquelle zum Thema Töpfchentraining konzipiert und soll Eltern und Betreuungspersonen unterstützen, indem es hilfreiche Tipps und Methoden bereitstellt. Es ist wichtig zu betonen, dass die in diesem Buch enthaltenen Informationen und Ratschläge nicht als medizinischer oder therapeutischer Rat zu verstehen sind.

Jedes Kind ist einzigartig und entwickelt sich in seinem eigenen Tempo. Daher sollten Sie vor der Anwendung jeglicher im Buch vorgeschlagener Techniken oder Methoden unbedingt einen qualifizierten Arzt oder einen spezialisierten Kinderbetreuer konsultieren. Dies ist besonders wichtig, wenn Ihr Kind gesundheitliche Besonderheiten oder Entwicklungsverzögerungen hat.

Die Autoren und Herausgeber dieses Buches übernehmen keine Verantwortung für etwaige Unannehmlichkeiten oder Schäden, die durch die Anwendung der hier vorgestellten Informationen entstehen könnten. Es liegt in Ihrer Verantwortung, die Eignung und Sicherheit der Ratschläge in Bezug auf die individuellen Bedürfnisse und Umstände Ihres Kindes zu bewerten.

Bitte beachten Sie, dass die im Buch enthaltenen Informationen und Empfehlungen auf dem Wissensstand bis zum Zeitpunkt der Veröffentlichung basieren und sich mit neuer Forschung und Praxiserfahrung weiterentwickeln können. Es wird empfohlen, sich regelmäßig über aktuelle Erkenntnisse und Methoden im Bereich des Töpfchentrainings zu informieren.

INHALT

EINFÜHRUNG

Willkommen zu einem spannenden Abenteuer in der Elternschaft – dem Töpfchentraining! Für Sie und Ihr Kind ist dies ein ganz besonderer Meilenstein. Stellen Sie sich vor, Sie sehen zum ersten Mal, wie Ihr kleiner Schatz lernt und wächst. Und für Sie? Es ist Ihre Chance, in Geduld zu wachsen und Vertrauen in einen neuen Prozess zu entwickeln, der anfangs vielleicht etwas ungewohnt erscheint.

Als jemand, der sowohl als klinische Psychologin in der Kinderentwicklung und positiven Erziehung tätig ist, als auch als Mutter von zwei wunderbaren Kindern, verstehe ich, wie überwältigend dieses Erlebnis sein kann. Besonders, wenn es das erste Mal ist! Aber keine Sorge, es muss nicht beängstigend sein. Töpfchentraining kann tatsächlich eine fantastische Gelegenheit sein, um eine noch stärkere Bindung zu Ihrem Kind aufzubauen und gemeinsam zu lernen und zu wachsen.

Sehen Sie dieses Erlebnis als einen der vielen besonderen Momente im Leben Ihres Kindes, den es zu begrüßen und zu feiern gilt. Lassen Sie uns gemeinsam diesen Weg gehen und aus jedem kleinen Fortschritt einen Grund zum Feiern machen!

Es ist völlig normal, dass Sie sich etwas unsicher fühlen, wenn es um das Töpfchentraining geht. Vielleicht fragen Sie sich: "Was, wenn es nicht funktioniert? Was sagt das über mich als Elternteil aus?" Sicher, Windeln sind zwar nicht die angenehmste Angelegenheit und können ins Geld gehen, aber sie geben Ihnen ein gewisses Maß an Kontrolle.

Beim Töpfchentraining jedoch beginnt eine ganz neue Reise. Hierbei geht es darum, Ihrem Kind die Zügel in die Hand zu geben. Sie sind der Coach, der die notwendigen Fähigkeiten vermittelt, Struktur bietet und Unterstützung leistet. Aber letztendlich ist es Ihr Kind, das den Weg geht.

Ich habe dieses Buch speziell für Eltern wie Sie geschrieben, die sich zum ersten Mal auf diese Reise begeben. Ich verstehe, wie überwältigend es sein kann, sich durch einen Berg von oft widersprüchlichen Informationen zu wühlen. In diesem Buch habe ich alle wichtigen Infos für Sie zusammengetragen, um Ihnen ein Gefühl von Sicherheit und Vorbereitung zu geben, bevor Sie mit dem Töpfchentraining starten.

Denken Sie daran: Sie sind nicht allein auf diesem Weg, und es ist in Ordnung, wenn nicht alles sofort perfekt läuft. Wir sind hier, um gemeinsam zu lernen und zu wachsen.

Mein Programm ist darauf ausgerichtet, diesen Prozess für Sie so einfach und angenehm wie möglich zu gestalten. Ich gebe Ihnen die Werkzeuge und die richtige Einstellung an die Hand, damit Sie und Ihr Kind diesen Schritt mit Bravour meistern können.

Sie fragen sich, ob Ihr Kind bereit ist? Keine Sorge, ich führe Sie durch die entscheidenden Entwicklungsschritte, um dies herauszufinden. Sie lernen nicht nur, wie Sie sich auf dieses große Ereignis vorbereiten, sondern auch, wie Sie wichtige Grundregeln festlegen können. Für die Herausforderungen des Alltags – sei es der Mittagsschlaf, das nächtliche Training oder das Töpfchentraining in der Kita und unterwegs – biete ich Ihnen praktische Lösungen und Tipps.

Ich weiß, dass kein Kind wie das andere ist. Deshalb gibt es auch beim Töpfchentraining keine Einheitslösung. Jedes Kind hat seinen eigenen Rhythmus und seine eigenen Bedürfnisse, die berücksichtigt werden müssen. Sie als Eltern spielen dabei eine zentrale Rolle. Sie sind der sichere Hafen, der Lehrer und der liebevolle Begleiter. Ich unterstütze Sie dabei, diese Rolle mit Zuversicht und Positivität zu erfüllen. Gemeinsam meistern wir Herausforderungen wie Wutanfälle oder Rückschritte und sorgen dafür, dass dieser Weg für Sie und Ihr Kind mit Freude und Erfolg verbunden ist.

Sie haben das Rüstzeug, Ihr Kind hat die Fähigkeiten – zusammen schaffen wir es. Ich stehe Ihnen bei jedem Schritt zur Seite und sorge dafür, dass Sie sich sicher und wohl fühlen auf dieser spannenden Reise. Lassen Sie uns gemeinsam dafür sorgen, dass Ihr Kind mit Freude und Selbstvertrauen den Weg zum Töpfchen findet!

Als Eltern, die sich zum ersten Mal mit dem Töpfchentraining beschäftigen, stehen Sie vor einer aufregenden Herausforderung. Es gibt einiges zu bedenken, um sicherzustellen, dass sowohl Sie als auch Ihr Kind bereit für diesen wichtigen Schritt sind. Lassen Sie uns gemeinsam durchgehen, worauf Sie achten sollten:

- Ist Ihr Kind bereit? Beobachten Sie, ob Ihr Kind Interesse an der Toilette zeigt, länger trocken bleibt oder Ihnen Bescheid gibt, wenn es eine volle Windel hat. Dies sind Anzeichen dafür, dass es bereit sein könnte.
- Entwicklungsschritte: Hat Ihr Kind die motorischen Fähigkeiten, um aufs Töpfchen zu gehen? Kann es selbstständig sitzen und aufstehen?
- Die richtige Ausrüstung: Ein kindgerechter Töpfchenstuhl ist wichtig. Er sollte stabil sein und eine Größe haben, die Ihrem Kind Sicherheit gibt.
- Vorbereitung und Wissen: Machen Sie sich mit dem Prozess vertraut. Es gibt viele Ressourcen – Bücher, Online-Artikel, vielleicht sogar Kurse – die Ihnen einen Überblick über die verschiedenen Phasen und Techniken geben.
- Einen Plan haben: Es ist hilfreich, einen klaren Plan zu haben. Wann beginnen Sie? Wie gehen Sie mit Rückschlägen um? Wie bleiben Sie geduldig und positiv, auch wenn es mal nicht so läuft?

Indem Sie diese Aspekte im Voraus bedenken, können Sie sich und Ihr Kind optimal auf das Töpfchentraining vorbereiten. Denken Sie daran, dass jedes Kind sein eigenes Tempo hat und dass Geduld und Verständnis Schlüssel zum Erfolg sind. Sie sind nicht allein auf dieser Reise, und es ist völlig normal, Fragen zu haben und Unterstützung zu suchen. Viel Erfolg!

KAPITEL 1

SIND SIE UND IHR KIND BEREIT FÜR DEN NÄCHSTEN GROßEN SCHRITT?

Es gibt leider kein festgelegtes magisches Alter, um mit dem Töpfchentraining zu beginnen. Aber keine Sorge, Ihr Kind wird Ihnen subtile Hinweise geben, wenn es soweit ist. Diese zeigen sich, wenn bestimmte Entwicklungsschritte erreicht sind. Ich möchte Ihnen helfen, diese Signale zu erkennen. Es geht dabei um mehr als nur körperliche Reife; wir sprechen auch von motorischen, kognitiven, sprachlichen sowie emotionalen und sozialen Entwicklungen. Wenn Sie diese Anzeichen verstehen, können Sie sich und Ihr Kind optimal auf diesen wichtigen Übergang vorbereiten. Lassen Sie uns gemeinsam herausfinden, wie Sie erkennen können, wann Ihr Kind bereit ist, die Windeln hinter sich zu lassen und die Toilette zu benutzen.

Alter und Entwicklungsstufen: Der richtige Zeitpunkt fürs Töpfchentraining

Wann ist der beste Zeitpunkt, um mit dem Töpfchentraining zu beginnen? In Deutschland beginnen die meisten Kinder zwischen 21 und 36 Monaten, sich mit dem Töpfchen vertraut zu machen. Es ist faszinierend, dass fast ein Drittel der Kinder schon mit 24 Monaten tagsüber trocken ist und die meisten es bis zum 36. Monat meistern. Interessanterweise sind Mädchen oft ein wenig schneller dabei als Jungen – sie schaffen es meist 2 bis 3 Monate früher.

Aber vergessen Sie nicht: Jedes Kind ist einzigartig! Es ist viel wichtiger, die individuellen Entwicklungsfortschritte Ihres Kindes im Auge zu behalten, als sich auf das Alter zu fixieren. Ihr Kind wird das Töpfchentraining in seinem eigenen Tempo meistern.

Es gibt Vor- und Nachteile sowohl beim frühen als auch beim späteren Beginn des Töpfchentrainings. Kinder zwischen 18 und 24 Monaten erfüllen vielleicht noch nicht alle Kriterien, wie das Erkennen von körperlichen Signalen, sind aber oft begeistert dabei und reagieren positiv auf Lob. Sie zeigen meist weniger Widerstand als ältere Kinder. Kinder im Alter von 2 bis 3 Jahren hingegen sind oft besser darauf vorbereitet, ihre Körperwahrnehmungen zu verstehen und zu erkennen, können aber durch ihren Wunsch nach Kontrolle und Autonomie herausgefordert sein.

Studien zeigen, dass Kinder, die zu früh mit dem Töpfchentraining beginnen, länger brauchen und möglicherweise Probleme beim Toilettengang entwickeln. Andererseits kann ein zu später Beginn, also nach 42 Monaten, das Selbstwertgefühl und die physiologische Entwicklung des Kindes beeinflussen.

Es geht also darum, den perfekten Zeitpunkt für Ihr Kind zu finden. Lassen Sie uns zusammen herausfinden, wann dieser Zeitpunkt ist, damit Ihr Kind selbstbewusst und mit Freude das Töpfchen nutzen kann.

Das Töpfchentraining ist ein großer Schritt – sowohl für Sie als auch für Ihr Kind. Es funktioniert am besten, wenn Ihr Kind bereit ist, aktiv daran teilzunehmen und einen Großteil des Prozesses selbst zu steuern. Das Warten auf diesen Moment kann für Sie beide viel Stress ersparen. Kinder lernen am effektivsten, wenn sie etwas Neues in einem Bereich entdecken, der sie interessiert und wenn sie bereit dazu sind. Ihr Kind als begeisterten Partner im Töpfchentraining zu haben, macht den ganzen Prozess um einiges einfacher.

Vergessen Sie die Vorstellung, dass es ein "richtiges" Alter für das Töpfchentraining gibt. Die Bereitschaft Ihres Kindes hängt vielmehr von seiner individuellen Entwicklung ab – sowohl physisch als auch emotional, kognitiv und sozial. Und es geht auch um Ihre eigene Bereitschaft und Unterstützung.

Bevor Sie beginnen, vergewissern Sie sich, dass Ihr Kind bereit ist. Das selbstständige Auf-die-Toilette-Gehen erfordert eine Mischung aus motorischen Fähigkeiten, kognitivem Verständnis, Sprachfähigkeiten und emotionaler Reife. Ihr Kind lernt in dieser Zeit, seinen Körper zu verstehen und die

Verbindung zwischen Körperempfindungen und den entsprechenden Reaktionen herzustellen. Es muss sich alle Schritte des Toilettengangs vorstellen können: das Erkennen des Bedürfnisses, den Weg zur Toilette finden, sich hinsetzen, fertig werden und sich anschließend die Hände waschen.

Dies ist auch eine Zeit, in der Ihr Kind versucht, Ihre Anleitungen, Erwartungen und Reaktionen zu verstehen und gleichzeitig seine eigenen Gefühle und Erfahrungen beim Töpfchentraining auszudrücken. Es ist ein komplexer Prozess, der von den bereits erreichten Entwicklungsschritten Ihres Kindes abhängt.

Erinnern Sie sich, dass Geduld und Verständnis Schlüsselkomponenten in diesem Prozess sind. Lassen Sie uns gemeinsam darauf hinarbeiten, Ihrem Kind zu helfen, diesen wichtigen Meilenstein mit Zuversicht und Freude zu erreichen.

Anzeichen dafür, dass Ihr Kind bereit für das Töpfchentraining ist

Ist es Zeit für das Töpfchentraining? Es ist ein spannender Schritt in der Entwicklung Ihres Kindes und eine Zeit, in der Sie auf bestimmte Anzeichen achten sollten. Es ist wichtig zu wissen, dass nicht jedes Kind alle diese Anzeichen zeigen muss, um bereit zu sein. Und Sie können Ihrem Kind helfen, sich auf diesen Schritt vorzubereiten, indem Sie ihm bestimmte Fähigkeiten schon vorher beibringen.

Physiologische Entwicklung

Bevor Sie mit dem Töpfchentraining beginnen, achten Sie darauf, ob Ihr Kind Anzeichen von Harndrang zeigt. Vielleicht grunzt es, zieht sich zurück, geht in die Hocke oder wird im Gesicht rot. Ein weiteres Zeichen ist, wenn es nachts keinen Stuhlgang hat oder seine Windel über längere Zeiträume – etwa 2 Stunden – trocken bleibt. Auch häufigeres Wasserlassen auf einmal und eine gewisse Regelmäßigkeit beim Stuhlgang sind gute Indikatoren.

Motorische Fertigkeiten

Die Fähigkeit, zu laufen, mit Kleidung umzugehen (wie das Herunter- und Hochziehen der Hose) und lange genug sitzen zu bleiben, sind ebenso wichtig. Wussten Sie, dass Jungen in der Regel zwischen 29 und 33 Monaten lernen, ihre Unterwäsche und Hosen selbstständig hochzuziehen? Mädchen erreichen diese Fertigkeit oft etwas früher. Unterstützen Sie Ihr Kind, indem Sie ihm beibringen, sich selbst an- und auszuziehen. Sorgen Sie auch dafür, dass seine Kleidung leicht zu handhaben ist.

Kognitive und verbale Fertigkeiten: Ihr Wegweiser zum Töpfchentraining

Das Töpfchentraining ist mehr als nur eine körperliche Fähigkeit; es erfordert auch kognitive und verbale Fertigkeiten. Lassen Sie uns gemeinsam erkunden, was Ihr Kind dafür können sollte.

Kognitive Fähigkeiten

Ihr Kind muss verstehen, wie seine Körperempfindungen mit dem Bedürfnis, die Toilette zu benutzen, zusammenhängen. Es beginnt, symbolisch zu denken, wenn es den Drang verspürt, auf die Toilette zu gehen, und es muss einen Plan entwickeln, wie es dorthin gelangt. Diese Fähigkeiten beinhalten auch Impulskontrolle und die Fähigkeit, Aufgaben zu unterbrechen. Sie werden schon im Alter von etwa 12 Monaten sichtbar und entwickeln sich bis zum Alter von 2 Jahren weiter.

Sie werden beispielsweise feststellen, wie Ihr Kind mit etwa 2 Jahren Probleme löst, wie es sein Lieblingsspielzeug zurückbekommt. Dies zeigt, dass es kognitiv bereit für das Töpfchentraining sein könnte.

Verbale Fähigkeiten

Ihr Kind sollte in der Lage sein, einfache Anweisungen zu befolgen und symbolisches Spiel zu betreiben, wie zum Beispiel eine Banane als Telefon zu verwenden. Wichtig ist auch, dass es die Begriffe rund um das Töpfchentraining versteht, wie "Pipi", "Kacka" und "Töpfchen". Es muss nicht unbedingt sprechen können, aber es sollte in der Lage sein, nonverbale Signale zu geben, wenn es auf die Toilette muss.

Ein weiteres gutes Zeichen ist, wenn Ihr Kind mitteilen kann, dass es seine Windel gewechselt haben möchte. Dies zeigt, dass es das Gefühl der Nässe erkennt und seine Bedürfnisse ausdrücken kann. Es ist auch hilfreich, wenn es in der Lage ist, eventuelle Probleme, Verwirrung oder Ängste im Zusammenhang mit dem Töpfchentraining zu kommunizieren, auch wenn dies nicht unbedingt notwendig ist.

Denken Sie daran, jeder Schritt ist ein Fortschritt, und jedes Kind entwickelt sich in seinem eigenen Tempo. Wenn Sie diese Anzeichen beobachten, kann das ein guter Hinweis darauf sein, dass Ihr Kind bereit ist, den nächsten Schritt in Richtung Töpfchentraining zu machen. Lassen Sie uns diesen Weg gemeinsam und mit Geduld beschreiten!

Emotionale und soziale Fertigkeiten

Emotionale und soziale Kompetenzen entwickeln sich oft auf subtile Weise. Achten Sie auf Anzeichen, dass Ihr Kind Selbstkontrolle übt, Ihre Anerkennung sucht und zunehmend selbstständiger wird. Manchmal zeigen sich diese Fortschritte in Verhaltensweisen, die zunächst nicht ideal erscheinen, wie beispielsweise sich beim Stuhlgang zu verstecken. Doch das ist eigentlich ein positives Zeichen dafür, dass Ihr Kind soziale Normen zunehmend versteht. Weitere positive Anzeichen sind, wenn es das Verhalten anderer nachahmt, ein grundsätzliches Verständnis für die Benutzung des Töpfchens zeigt oder Interesse daran bekundet. Vielleicht beobachtet Ihr Kind, wie Sie das Töpfchen benutzen, möchte Ihnen beim Spülen helfen oder in die Toilette schauen – und vielleicht sogar Spielzeug hineinwerfen. Diese Verhaltensweisen deuten darauf hin, dass Ihr Kind bereit sein könnte, mit dem Töpfchentraining zu beginnen.

Bei Kindern, die früh geboren wurden, körperliche oder geistige Herausforderungen haben, eine Sprachverzögerung oder andere Entwicklungsverzögerungen aufweisen, kann sich das Töpfchentraining verzögern. Kapitel 6 bietet weitere Informationen für Kinder mit besonderen Bedürfnissen.

Tipps Und Tricks Für Den Einstieg

Häufige Mythen zum Töpfchentraining

2/ "Mein Kind wird mir schon sagen, wenn es bereit ist." Viele Eltern warten darauf, dass ihr Kind eindeutige Signale sendet, aber oft sind diese Zeichen eher subtil. Achtet auf kleine Hinweise, wie die Fähigkeit, einfachen Anweisungen zu folgen, Hunger oder Durst zu äußern, oder das ABC aufzusagen. Diese Anzeichen können darauf hindeuten, dass euer Kind bereit für das Töpfchentraining ist.

3/ "Jungen sind schwieriger zu erziehen." Auch wenn Studien zeigen, dass Jungen meist etwas später als Mädchen bereit fürs Töpfchen sind, bedeutet das nicht, dass es für sie (oder euch!) schwieriger ist. Der Unterschied im Timing ist oft nur eine Frage von Tagen oder Monaten. In Wirklichkeit sind sich kleine Mädchen und Jungen in dieser Phase ziemlich ähnlich.

4/ "Man muss bis zu einem bestimmten Alter mit dem Töpfchentraining beginnen." Es gibt kein festgelegtes Alter, um mit dem Töpfchentraining zu starten. Normalerweise fangen Kinder zwischen 18 und 36 Monaten damit an. Wichtig ist, dass ihr euer Kind gut kennt und beginnt, wenn es bereit ist.

5/ "Töpfchentraining ist wirklich schwierig." Als frischgebackene Eltern könntet ihr befürchten, dass dieser Prozess sehr stressig wird. Aber keine Sorge, es muss nicht so kompliziert sein, wie ihr vielleicht denkt. Verringert den Stress, indem ihr sicherstellt, dass euer Kind reif dafür ist und ihr mental bereit seid, diese neue Herausforderung anzugehen. Haltet es einfach, rechnet mit kleinen Unfällen und Rückschritten und versucht, diese gelassen zu nehmen.

Denkt daran, jedes Kind ist einzigartig und das Töpfchentraining ist eine individuelle Reise für jede Familie. Nehmt euch die Zeit, die ihr und euer Kind braucht, und seid geduldig und unterstützend auf diesem Weg!

Hier sind einige hilfreiche Hinweise, die euch zeigen können, ob euer Kind bereit ist, mit dem Töpfchentraining zu beginnen:

Physiologische Anzeichen

- Euer Kind bleibt über Nacht ohne Stuhlgang.
- Es hat einen regelmäßigen und vorhersehbaren Stuhlgang.

- Die Windel bleibt für zwei Stunden trocken oder ist nach dem Mittagsschlaf noch trocken.

Motorische Fähigkeiten

- Euer Kind kann selbstständig gehen und sitzen.
- Es kann seine Hosen selbst herunterziehen und wieder hochziehen.

Kognitive und verbale Anzeichen

- Euer Kind zeigt durch Worte oder Gesten, dass es aufs Töpfchen muss.
- Es kann einfachen Anweisungen folgen.
- Es kann Spielzeug und andere Gegenstände an ihren Platz räumen.
- Euer Kind kann sein ABC oder andere Lieder aufsagen.
- Es teilt euch mit, wenn es in die Windel gemacht hat.
- Es verwendet Ausdrücke wie "Pipi", "Kacka" und "Töpfchen".

Emotionale und soziale Anzeichen

- Euer Kind kann zwei bis fünf Minuten lang ruhig an einer Stelle sitzen.
- Es äußert den Wunsch, Unterwäsche zu tragen oder auf dem Töpfchenstuhl zu sitzen.
- Es zeigt Interesse an der Toilette und am Verhalten der Eltern.
- Es demonstriert Unabhängigkeit und verwendet das Wort "nein".
- Es engagiert sich in symbolischen Spielen.
- Es zeigt keine Widerstände gegen das Erlernen der Toilettenbenutzung.

Wer ist der Boss? (Tipp: Sie)

Ihr seid der Schlüssel zum Erfolg beim Töpfchentraining eures Kindes. Es ist zwar wichtig, dass euer Kind bereit ist, aber genauso entscheidend ist es, dass auch ihr bereit seid, euch auf diese Reise einzulassen. Töpfchentraining ist eine von euch geleitete Aktivität, die eure volle Hingabe und Konsequenz erfordert.

Es ist völlig normal, dass ihr als frischgebackene Eltern vielleicht zunächst zögert oder sogar den Trainingsprozess unterbrecht, weil ihr euch unsicher fühlt. Aber dieses Hin und Her kann sowohl für euer Kind verwirrend sein als auch eure eigene Unsicherheit und Ambivalenz verstärken. Seid euch daher ehrlich über eure Bereitschaft im Klaren. Wenn euer Kind die Entwicklungsreife für das Töpfchentraining zeigt, bereitet euch mental auf diesen neuen Lebensabschnitt vor. Vermeidet es, den Prozess wegen eigener Ängste hinauszuzögern.

Eure Einstellung spielt eine entscheidende Rolle für den Erfolg. Negativität, Angst oder Unentschlossenheit beeinflussen eure Erziehungsentscheidungen und können zu unnötigen Machtkämpfen mit eurem Kind führen. Versucht nicht, euch nur auf die Arbeit oder darauf zu konzentrieren, ob ihr alles richtig macht. Ja, es wird kleine Missgeschicke geben, vielleicht sogar Rückschritte, aber auch fröhliche Töpfchentänze und Momente des gemeinsamen Lernens.

Genießt den Prozess und konzentriert euch nicht nur auf das Endziel. Selbst als Erstlingseltern könnt ihr diesen Weg mit Vertrauen beschreiten und darauf vertrauen, dass euer Kind das Töpfchentraining in seinem eigenen Tempo meistern wird. Das Vertrauen in euer Kind – und in euch selbst – wird die Motivation und Inspiration sein, die es braucht, um durchzuhalten.

Stellen Sie sich vor, wie wunderbar es sich anfühlen wird, wenn Sie eine Schlüsselrolle beim Erreichen eines der ersten großen Meilensteine Ihres Kindes spielen! Denken Sie daran, dass mit diesem Schritt Ihr Kleines nicht mehr nur ein Baby ist, sondern in eine neue, spannende Phase der Selbstständigkeit tritt. Ihre eigene Begeisterung für diesen Übergang wird den Erfolg Ihres Kindes noch weiter beflügeln.

Beim Töpfchentraining ist es wichtig, mit Freude und einer positiven Haltung zu starten, die sowohl Vertrauen als auch Autorität ausstrahlt. Versuchen Sie, die Dinge einfach zu halten und sich nicht zu sehr mit anderen Eltern zu vergleichen. Und denken Sie daran, dass Sie aus dieser Erfahrung gestärkt hervorgehen werden, mit einem tieferen Verständnis für Ihr Kind und seine individuelle Art zu lernen.

Rückblickend auf dieses Kapitel, lassen Sie uns die Schlüsselaspekte noch einmal Revue passieren:

Individueller Zeitpunkt für den Beginn: Es gibt keinen festgelegten, magischen Zeitpunkt, um mit dem Töpfchentraining zu beginnen. Die Bereitschaft variiert bei Kindern erheblich, wobei die meisten zwischen 18 und 36 Monaten anfangen. Denken Sie daran, jedes Kind ist einzigartig in Bezug darauf, wann es bereit ist und wie lange es dauert, diese Fertigkeit zu meistern.

Entwicklungsbereitschaft erkennen: Bevor Sie mit dem Töpfchentraining beginnen, überprüfen Sie, ob Ihr Kind die notwendigen Schritte in seiner Entwicklung erreicht hat. Dies beinhaltet physiologische, motorische, kognitive, sprachliche und soziale/emotionale Kompetenzen.

Achten Sie auf subtile Zeichen: Ihr Kind wird Ihnen wahrscheinlich nicht direkt sagen, wann es bereit ist, mit dem Töpfchentraining zu beginnen. Es ist wichtig, auf feine, indirekte Anzeichen zu achten, die auf die Bereitschaft hindeuten.

Unterstützung und Ermutigung: Das Erlernen des Töpfchengehens ist eine bedeutende Veränderung für Ihr Kind. Ihre positive Einstellung und Ihr Vertrauen in Ihr Kind (und in sich selbst) sind entscheidend. Sie bieten Motivation und Inspiration, auch durch die unvermeidlichen Höhen und Tiefen dieses Lernprozesses.

Diese Zusammenfassung bildet das Herzstück des Kapitels und bietet eine wertvolle Orientierungshilfe für den Weg, der vor Ihnen und Ihrem Kind liegt.

KAPITEL 2

VORBEREITUNG FÜR DAS GROßE EREIGNIS

Die Vorbereitungen für das große Ereignis, das Töpfchentraining, laufen am besten, wenn Sie sich im Vorfeld gut darauf einstellen. Hier erhalten Sie eine Übersicht über die notwendige Ausrüstung und das Zubehör. Außerdem erfahren Sie, wie Sie Ihr Kind auf den Prozess vorbereiten und was Sie erwarten können, wenn Sie sich in dieses neue Abenteuer stürzen.

Bei der Vorbereitung auf das Töpfchentraining ist es wichtig, sich mental darauf einzustellen, da es eine neue Erfahrung sowohl für Sie als auch für Ihr Kind ist. Beginnen Sie mit einer positiven und zuversichtlichen Einstellung. Nehmen Sie sich die Zeit, um langsam anzufangen und Ihr Kind schrittweise an die Idee zu gewöhnen, während Sie das benötigte Material bereitlegen.

Das Programm umfasst drei Tage intensiven Töpfchentrainings zu Hause, ergänzt durch kurze Ausflüge. Zuerst läuft Ihr Kind zu Hause ohne Windel herum, und nach mehreren erfolgreichen Toilettengängen führen Sie es langsam an das Tragen von Unterwäsche heran. In den ersten Tagen ist es wichtig, dass Sie voll und ganz dabei sind, um die Signale Ihres Kindes zu verstehen und bei Unfällen zu helfen.

Wählen Sie einen Zeitraum, in dem Sie nicht von Arbeit oder anderen Verpflichtungen abgelenkt sind. Für beschäftigte Eltern mag diese Verpflichtung zunächst herausfordernd erscheinen, aber es ist ein entscheidender Schritt für den Erfolg. In dieser Zeit lernen Sie, die Signale Ihres Kindes zu deuten und Ihr Kind lernt, seine körperlichen Empfindungen mit dem Gang zur Toilette zu verknüpfen. Planen Sie diese Tage fest ein, damit nichts dazwischenkommt.

Es ist auch wichtig, dass Sie mit Ihrem Partner, Kinderbetreuern und anderen Bezugspersonen sprechen, damit alle über den Beginn des Töpfchentrainings informiert sind und Sie auf diesem Weg unterstützen können.

Es ist wesentlich, zu bedenken, dass das Töpfchentraining nicht gestartet werden sollte, wenn Ihr Kind krank ist oder sich in einer bedeutenden Lebensphase befindet. Beispiele für solche Phasen sind ein Schulwechsel, eine Änderung im Arbeitsplan der Eltern oder die bevorstehende Geburt eines Geschwisterchens. Diese Ereignisse können für Ihr Kind stressig sein und es könnte dadurch schwieriger werden, sich auf das Töpfchentraining zu konzentrieren und erfolgreich zu sein. Es ist wichtig, eine stabile und ruhige Umgebung für den Beginn dieses Lernprozesses zu schaffen.

Wie Sie Ihr Kind vorbereiten

Bevor Sie mit dem Töpfchentraining beginnen, ist es wichtig, Ihr Kind darauf vorzubereiten. Machen Sie es mit seinem neuen Töpfchen vertraut, bringen Sie ihm bei, wie es sich an- und auszieht, zeigen Sie ihm, wie man sich die Hände wäscht, und führen Sie es in die Welt der Töpfchensprache ein.

Neben diesen Vorbereitungen ist es essenziell, täglich Zeit für Spiel und Nähe einzuplanen. Das Töpfchentraining ist eine große Veränderung und kann für Ihr Kind stressig sein. Stellen Sie sich vor, Sie fangen einen neuen Job an – die Aufregung ist groß, aber es gibt auch Unsicherheiten, wie neue Kollegen und Arbeitsabläufe. Ähnlich empfindet Ihr Kind beim Töpfchentraining. Helfen Sie ihm, Ängste abzubauen, indem Sie viel Zeit für Kuscheln und Spielen einräumen. Planen Sie idealerweise täglich mindestens zehn Minuten für gemeinsames Spielen ein, um Ihrem Kind während dieser Umstellungsphase zusätzliche Aufmerksamkeit und Unterstützung zu bieten. Diese gemeinsame Zeit kann helfen, Verhaltensprobleme zu reduzieren, da sich Ihr Kind durch die Nähe zu Ihnen sicherer fühlt und weniger Angst vor der neuen Herausforderung hat.

Laden Sie sie ein, mit Ihnen auf die Toilette zu gehen

Um Ihr Kind an die Toilette zu gewöhnen, laden Sie es ein, Sie beim Toilettengang zu begleiten. Es ist hilfreich zu wissen, dass sich Kinder beim Töpfchentraining oft besser mit Bezugspersonen des gleichen Geschlechts identifizieren. So kann es beispielsweise förderlich sein, wenn Väter oder andere männliche Verwandte ihren Söhnen zeigen, wie man die Toilette benutzt. Sie könnten etwas sagen wie: "Ich habe viel Wasser getrunken, und jetzt muss ich aufs Töpfchen gehen. Es ist Zeit, mein Pipi ins Töpfchen zu machen." Wenn Sie auf der Toilette sind, könnten Sie kommentieren: "Wow, jetzt kommt es! Hörst du das Geräusch? Pipi geht ins Töpfchen."

Ermutigen Sie Ihr Kind mit Worten wie: "Bald wirst du auch aufs Töpfchen gehen, genau wie ich! Das ist doch aufregend!" Nutzen Sie den Toilettengang auch als Gelegenheit, Ihr Kind aktiv einzubeziehen, zum Beispiel indem Sie es die Spülung betätigen lassen und sagen: "Tschüss, Pipi (oder Kacka)!" Auf diese Weise lernt Ihr Kind, wie man die Toilette spült, versteht, wohin Pipi und Kacka gehören, und wird mit der neuen Töpfchensprache vertraut gemacht. Solche positiven und spielerischen Interaktionen können das Töpfchentraining zu einer angenehmen und lehrreichen Erfahrung für Ihr Kind machen.

Das neue Töpfchen einführen

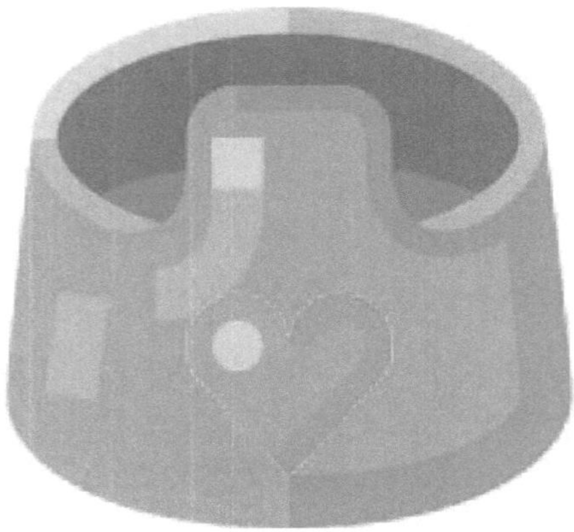

Wenn Sie Ihr Kind mit dem Töpfchenstuhl vertraut machen, ist es wichtig, diesen nicht wie ein neues Spielzeug darzustellen. Benutzen Sie den Töpfchenstuhl ausschließlich für seinen eigentlichen Zweck und führen Sie Ihr Kind nach dem Windelwechsel zu ihm. Es kann hilfreich sein, den Töpfchenstuhl in einem Bereich aufzustellen, in dem Ihr Kind oft spielt, besonders in den ersten Tagen des Trainings. So kann Ihr Kind das Töpfchen schnell erreichen, wenn es den Drang verspürt, es zu benutzen.

Üben Sie die Routine des An- und Ausziehens

Üben Sie auch die Routine des An- und Ausziehens. Wählen Sie Kleidung, die das Töpfchentraining unterstützt, wie zum Beispiel Hosen, die leicht an- und ausgezogen werden können. Vermeiden Sie komplizierte Kleidungsstücke wie Overalls oder Hosen mit schwierigen Knöpfen. Beginnen Sie so früh wie möglich, diese Aufgabe mit Ihrem Kind zu üben, zum Beispiel indem Sie es während des Windelwechsels die Hose selbst herunterziehen und wieder hochziehen lassen.

Überbrückung der Zeit zwischen Windeln und Töpfchen

Um die Verbindung zwischen Windeln und Töpfchen zu stärken, wechseln Sie die Windeln Ihres Kindes in der Nähe des Töpfchens. Wenn Ihr Kind in die Windel gemacht hat, laden Sie es ein, den Inhalt zusammen mit Ihnen in der Toilette herunterzuspülen. So lernt es, dass der richtige Ort für Ausscheidungen das Töpfchen ist und verinnerlicht das Ritual des Herunterspülens.

Bücher lesen, um das Töpfchen-Gespräch zu beginnen

Bücher sind ein weiteres effektives Mittel, um das Gespräch über das Töpfchentraining zu beginnen. Sie können spielerisch und unbedrohlich das Thema ansprechen und vermitteln, dass das Töpfchengehen ein normaler und universeller Teil des täglichen Lebens ist. Bücher über Anatomie können Ihrem Kind auch helfen, die Vorgänge in seinem Körper zu verstehen und zu benennen. Geben Sie diesen Signalen einen Namen, wie zum Beispiel "Töpfchengefühl", und lehren Sie Ihr Kind, dass diese Empfindungen etwas ganz Normales sind, die jeder Mensch erlebt.

Unterschätzen Sie nicht die Kraft des Spiels

Die Bedeutung des Spiels im Rahmen des Töpfchentrainings sollte nicht unterschätzt werden. Spielen ist eine effektive Methode, um Ihrem Kind die Grundlagen des Töpfchentrainings auf unterhaltsame und interaktive Weise beizubringen. Während der Vorbereitungsphase auf das Töpfchentraining ist es hilfreich, viel mit einer Puppe, einem Stofftier oder einer Actionfigur zu spielen. Durch das Spiel können Sie Ihrem Kind beispielhaft zeigen, wie das Töpfchen benutzt wird.

Wenn Sie bemerken, dass Ihr Kind Angst hat oder Widerstand gegen das Töpfchentraining zeigt, nutzen Sie das Spiel, um kreativ zu demonstrieren, wie man mit diesen Herausforderungen umgehen kann. Wenn die Puppe zum Beispiel Angst vor dem Töpfchen hat, beruhigen Sie sie und versichern Sie ihr, dass das Töpfchen sicher und spaßig ist. Bestärken Sie die Puppe darin, dass es normal ist, Angst vor neuen Erfahrungen zu haben, aber zeigen Sie auch, dass das

Ausprobieren neuer Dinge lohnenswert und unterhaltsam sein kann. Motivieren Sie die Puppe, mutig zu sein und neue Dinge auszuprobieren.

Nutzen Sie das Spiel auch, um eine positive Einstellung zu Unfällen zu vermitteln. Beruhigen Sie die Puppe, wenn sie nicht rechtzeitig aufs Töpfchen kommt, und sagen Sie zum Beispiel: "Ich weiß, dass es manchmal schwierig ist, rechtzeitig aufs Töpfchen zu gehen. Ich helfe dir beim Aufräumen, und wir können es das nächste Mal wieder versuchen." Es ist wichtig, Verständnis und Mitgefühl zu zeigen, ohne dabei den Eindruck zu erwecken, dass es in Ordnung ist, Unfälle zu haben. Ermutigen Sie die Puppe (und dadurch auch Ihr Kind), eine positive Einstellung zu bewahren und es weiterhin zu versuchen, und signalisieren Sie, dass Sie bei jedem Schritt dabei sind. Das Spiel bietet eine wunderbare Möglichkeit, Ihr Töpfchentrainingsskript auf eine spielerische und kindgerechte Weise zu üben.

Tipps Und Tricks Für Den Einstieg

Zu vermeidende Töpfchensprache

Es ist sehr wichtig, negative Ausdrücke wie "stinkende Kacke" oder "ekliges Pipi" zu vermeiden, wenn Sie Ihr Kind ans Töpfchentraining heranführen. Die Bezeichnung der Windel als "stinkend" oder "eklig" kann dazu führen, dass Ihr Kind Angst vor dem Töpfchentraining entwickelt, sich dagegen sträubt oder sich unwohl dabei fühlt.

Stattdessen ist es entscheidend, Ihrem Kind zu vermitteln, dass das Benutzen der Toilette ein natürlicher und normaler Teil des

Lebens ist. Erklären Sie, dass dies etwas ist, das alle Menschen tun. Indem Sie diesen Vorgang als normal und alltäglich darstellen, helfen Sie Ihrem Kind, eine gesunde Einstellung zum Töpfchengehen zu entwickeln und negative Assoziationen zu vermeiden. Es geht darum, eine positive und unterstützende Atmosphäre zu schaffen, in der sich Ihr Kind sicher und verstanden fühlt. Dies fördert nicht nur das erfolgreiche Töpfchentraining, sondern hilft auch dabei, Ihrem Kind ein gesundes Verhältnis zu seinem Körper und seinen natürlichen Prozessen beizubringen.

Was man kaufen sollte

Da Sie nun mit dem Töpfchentraining beginnen, benötigen Sie wahrscheinlich einige Tipps, um die richtige Ausrüstung für die ersten Schritte zu finden. Es ist wichtig, Ihr Kind so weit wie möglich miteinzubeziehen. Bedenken Sie, dass Kinder in diesem Alter nach Unabhängigkeit streben und es daher hilfreich ist, ihnen Entscheidungsmöglichkeiten zu bieten. Dieser Prozess sollte idealerweise schon einige Wochen vor dem eigentlichen Töpfchentraining beginnen, damit Sie und Ihr Kind ausreichend Zeit haben, sich sowohl geistig als auch praktisch darauf vorzubereiten. Hier sind die Dinge, die Sie benötigen.

Stuhl oder Sitz?

1. Töpfchenstuhl

Vorteile: Oft farbenfroh und mit lustigen Designs, weniger einschüchternd für Kleinkinder, einfach zu benutzen und erlaubt es den Kindern, ihre Füße auf den Boden zu stellen (was die Muskelkontrolle beim Wasserlassen erleichtert). Sie sind mobil und leicht verfügbar.

Tipps: Achten Sie auf Portabilität und einfache Reinigung. Für Jungen sollten Sie Modelle ohne Spritzschutz wählen, um Verletzungen zu vermeiden. Platzieren Sie den Stuhl dort, wo Ihr Kind oft spielt, um die Zugänglichkeit zu gewährleisten.

Nachteile: Können schwierig zu reinigen sein und nehmen Platz weg, sind in öffentlichen Einrichtungen nicht immer verfügbar.

2. Töpfchentrainingssitz

Vorteile: Passt auf normale Toiletten, erleichtert den Übergang zum öffentlichen Toilettengang, weniger Reinigungsaufwand.

Nachteile: Kann einschüchternd sein, Geräusche können abschreckend wirken, nicht nutzbar in Bereichen ohne Toilette.

Extra Tipp: Verwenden Sie einen Tritthocker, damit die Füße Ihres Kindes nicht baumeln.

Altersempfehlung

- Kinder unter 30 Monaten bevorzugen meist Töpfchenstühle.
- Kinder über 30 Monate kommen meist besser mit einem Töpfchentrainingssitz zurecht.

Es kann hilfreich sein, beide Optionen auszuprobieren, um herauszufinden, was Ihr Kind bevorzugt. Einige Eltern entscheiden sich schließlich für einen Töpfchentrainingssitz, wenn ihr Kind älter wird und regelmäßiger das Töpfchen benutzt. Überlegen Sie auch, eine tragbare Option für unterwegs zu besorgen, wie ein Reisetöpfchen, das sowohl als Stuhl als auch als Sitz verwendet werden kann.

Beim Töpfchentraining sind einige praktische Überlegungen zu beachten, insbesondere in Bezug auf die passende Kleidung und Belohnungen:

1. Zusätzliche Unterwäsche

Wichtigkeit der Vorratshaltung: Auch wenn Unterwäsche in den ersten Tagen des Töpfchentrainings noch keine Rolle spielt, ist es sinnvoll, sich jetzt schon mit vielen zusätzlichen Paaren einzudecken.

Einbeziehung Ihres Kindes: Lassen Sie Ihr Kind bei der Auswahl mitentscheiden, beispielsweise indem es Unterwäsche mit seinen Lieblingsfiguren aussucht. Der Kauf von zwei bis drei

Beuteln neuer, interessanter Unterwäsche kann Ihr Kind dazu motivieren, seine Lieblingsfiguren trocken zu halten.

2. Einfaches An- und Ausziehen der Hose

Kleidungsauswahl: Wählen Sie Hosen, die sich leicht an- und ausziehen lassen. Vermeiden Sie Kleidungsstücke mit komplizierten Verschlüssen wie Reißverschlüssen, Knöpfen oder Kordelzügen, da diese für Ihr Kind schwerer zu handhaben sind.

Elastische Bünde: Optimal sind Hosen und Shorts mit elastischen Bünden, die Ihr Kind leicht selbstständig ausziehen kann. Dies fördert die Selbstständigkeit und hilft dem Kind, das Gefühl für den richtigen Zeitpunkt zum Toilettengang zu entwickeln.

3. Belohnungen

Verschiedene Methoden: Abhängig von Ihren persönlichen Vorlieben können Sie kleine Belohnungen wie Süßigkeiten (z.B. M&Ms) einsetzen, die Ihr Kind erhält, wenn es erfolgreich das Töpfchen benutzt.

Alternativen: Manche Eltern bevorzugen Sticker oder kleine Spielzeuge als Belohnung, während andere einfaches verbales Lob als ausreichend erachten.

Anpassungsfähigkeit: Jedes Kind reagiert anders, und es kann sinnvoll sein, verschiedene Methoden auszuprobieren, um herauszufinden, was am besten funktioniert.

Spülbare Tücher: Ein sanfter Übergang

Denken Sie darüber nach, spülbare Tücher zu verwenden, besonders wenn Ihr Kleines noch an Babytücher gewöhnt ist. Diese Tücher sind weicher als normales Toilettenpapier und fühlen sich vertrauter an. Aber keine Sorge, wenn Ihr Kind schon bereit für Toilettenpapier ist – passen Sie einfach Ihre Strategie entsprechend an!

Reinigungshelden: Immer bereit für kleine Missgeschicke

Halten Sie Reinigungsutensilien griffbereit, um auf kleine Unfälle schnell reagieren zu können. Ein guter Vorrat an Desinfektionsspray, feuchten Tüchern und Küchenpapier wird Ihnen dabei helfen, alles blitzschnell wieder sauber zu bekommen.

Tritthocker: Der kleine Helfer für große Aufgaben

Ein kleiner Tritthocker, egal ob aus Holz oder Kunststoff, ist ein wahres Multitalent. Er hilft Ihrem Kind nicht nur, bequem auf den Töpfchen zu sitzen, sondern gibt ihm auch ein sicheres Gefühl. Und wenn es ums Händewaschen geht, ist er auch da unersetzlich. Einige Töpfchenstühle lassen sich sogar in einen Hocker umwandeln – praktisch und platzsparend!

Exklusive Töpfchen-Aktivitäten: Spaß beim Lernen

Richten Sie in der Nähe des Töpfchens eine kleine Spiel- und Lernecke ein. Ein Korb mit Büchern, Zeichenblöcken und speziellen Spielsachen kann Wunder wirken. Diese Dinge sollten aber nur beim Töpfchen-Gebrauch zum Einsatz kommen, damit sie besonders und spannend bleiben.

Autositz- und Kinderwagenschutz: Eine sorgenfreie Lösung

Schutzauflagen für Autositze und Kinderwagen sind wahre Lebensretter! Sie erleichtern Ausflüge erheblich, indem sie für Sauberkeit sorgen, während Ihr Kind noch das Töpfchen trainiert. Und das Beste: Sie können sie einfach in die Waschmaschine werfen!

Neue Spielzeuge und Aktivitäten: Für Spaß zu Hause

Während der ersten Tage des Töpfchentrainings werden Sie wahrscheinlich viel Zeit zu Hause verbringen. Nutzen Sie die Gelegenheit, um einige neue Spielzeuge und Aktivitäten einzuführen. Play-Doh, Malbücher und Puzzles sind nicht nur unterhaltsam, sondern auch tolle Wege, um gemeinsam kreative Zeit zu verbringen.

Einfache und leichte Snacks und Mahlzeiten: Stressfrei durch den Tag

In den ersten Tagen des Töpfchentrainings ist es wichtig, sich auf Ihr Kind zu konzentrieren. Da bleibt wenig Zeit zum Kochen. Bereiten Sie sich vor, indem Sie sich mit einfachen Snacks und Mahlzeiten eindecken. So bleibt mehr Zeit für das Wichtigste – Ihr Kind.

Sind Sie bereit für das große Abenteuer des Töpfchentrainings?

Bevor es losgeht, sollten Sie sicherstellen, dass Sie vollständig vorbereitet sind. Hier ist Ihre Checkliste für den Start:

Alle Materialien parat?

Stellen Sie sicher, dass Sie alles Nötige griffbereit haben. So können Sie entspannt in das Training starten.

Vorbereitung ist alles

Haben Sie Ihr Kind schon auf das Töpfchentraining eingestimmt? Haben Sie zusammen Bücher zum Thema gelesen, Unterwäsche ausgesucht und ihm von dem bevorstehenden Abenteuer erzählt? Das schafft Vorfreude und Verständnis.

Einen Starttermin festlegen

Wählen Sie einen guten Zeitpunkt für den Beginn des Trainings und verschieben Sie andere wichtige Aufgaben. So können Sie sich voll und ganz auf Ihr Kind konzentrieren.

Informieren Sie die Familie

Lassen Sie auch andere Familienmitglieder wissen, was geplant ist, damit alle mitziehen können.

Auf und Ab einplanen

Vergessen Sie nicht: Töpfchentraining ist ein Prozess, kein einmaliges Ereignis. Seien Sie bereit für die unvermeidlichen Höhen und Tiefen, inklusive kleiner Unfälle.

Was Sie sonst noch bedenken sollten

Jetzt, wo Sie wissen, was Sie brauchen, denken Sie auch an ein paar zusätzliche Dinge, die hilfreich sein könnten. Es ist immer gut, bestens vorbereitet zu sein!

Schutz für Böden und Möbel: Bereiten Sie sich auf kleine Missgeschicke vor

Unfälle gehören beim Töpfchentraining einfach dazu. Es ist eine gute Idee, Teppiche wegzuräumen und Handtücher auf Sofas und Stühle zu legen, um Ihre Möbel und Böden zu schützen.

Zielübungen für die Toilette: Spaß und Lernen für Jungen

Viele Eltern entscheiden sich dafür, ihre Jungen zunächst im Sitzen auf die Toilette zu bringen. Für diejenigen, die ihren Sohn das Stehen beibringen möchten: kleine Zielscheiben wie Cheerios im Toilettenwasser machen das Ganze zu einem Spiel. Lebensmittelfarbe im Wasser ist auch ein toller Trick, um das Urinieren spielerisch zu lernen und zu sehen, wie sich die Farbe des Wassers verändert!

Rückblick und Ausblick: Das Wichtigste im Überblick

Lassen Sie uns die Schlüsselpunkte dieses Kapitels zusammenfassen:

Seien Sie sowohl mental als auch praktisch auf das Töpfchentraining vorbereitet.

Der Einstieg in das Töpfchentraining beginnt am besten mit Büchern, spielerischen Einladungen zur Toilette und anderen Strategien.

Statten Sie Ihr Zuhause mit allem Nötigen aus – Töpfchenstuhl, Töpfchentrainingssitz, Reisetöpfchen, Unterwäsche, einfacher Kleidung, Belohnungen, Reinigungsmitteln und exklusiven Töpfchenaktivitäten.

Da Sie in den ersten Tagen viel Zeit zu Hause verbringen werden, planen Sie einfache Mahlzeiten und Snacks und sorgen Sie für neue, interessante Aktivitäten für Ihr Kind.

KAPITEL 3
GRUNDREGELN

Als Elternteil haben Sie das Recht, die Regeln für Ihr Kind festzulegen. Als Anfänger auf diesem Gebiet gibt es jedoch einige wichtige Richtlinien, die Sie beachten sollten. Hier sind einige wesentliche Punkte für Sie und Ihr Kind.

Wählen der richtigen Worte beim Töpfchentraining

Bevor Sie mit dem Töpfchentraining beginnen, sollten Sie überlegen, welche Begriffe Sie verwenden möchten. Die von Ihnen gewählte Sprache wird Ihr Kind lernen und prägt seine Kommunikationsfähigkeit und sein Körperbewusstsein. Sie können sich für fachlich korrekte Ausdrücke wie 'Urin' und

'Stuhlgang' oder für alltagstauglichere Begriffe wie 'Pipi' und 'Kacka' entscheiden. Wichtig ist, dass Sie bei Ihrer Wahl konsequent bleiben und Begriffe vermeiden, die Sie nicht möchten, dass Ihr Kind sie benutzt oder die negativ konnotiert sind. Es ist hilfreich, wenn die Wörter für Ihr Kind leicht aussprechbar sind.

Für das Urinieren sind Begriffe wie 'Pipi', 'Pinkeln' und 'Nummer eins' üblich. Fäkalien werden oft als 'Kacka', 'Häufchen', 'Doo-Doo' und 'Nummer zwei' bezeichnet. Auch für den Ort, an dem sich die Toilette befindet, gibt es verschiedene Bezeichnungen wie 'Badezimmer', 'WC' oder 'Toilette'.

Anatomie kindgerecht erklären

Sie können Ihrem Sohn erklären, dass er einen Penis hat, während Sie Ihrer Tochter die Vagina beschreiben können. Erklären Sie, dass Urin vorne und Stuhlgang hinten ausgeschieden wird. Dieses Wissen ist wichtig, zum Beispiel für das richtige Abwischen.

Konsistenz bei Betreuungspersonen

Finden Sie heraus, welche Begriffe Betreuungspersonen wie Kindertagesstättenpersonal, Babysitter und Familienmitglieder verwenden. Um Verwirrung zu vermeiden, ist es ideal, wenn alle dieselbe Sprache verwenden. Es ist jedoch auch in Ordnung, wenn unterschiedliche Begriffe verwendet werden, solange Ihr Kind damit vertraut ist."

"Die Wahl der richtigen Worte ist ein wesentlicher Bestandteil des Töpfchentrainings. Doch nicht nur die Anfangssprache ist wichtig, sondern auch die Art und Weise, wie Sie während des gesamten Prozesses kommunizieren. Ihr Kind hat die volle

Kontrolle darüber, ob und wann es das Töpfchen benutzt. Ihre Rolle ist es, sein Streben nach Unabhängigkeit zu unterstützen und zu ermutigen, ohne Druck auszuüben oder Gefühle der Scham oder des Versagens zu wecken. Die von Ihnen verwendete Sprache und Ihr allgemeines Auftreten können einen großen Unterschied machen. Hier sind einige Vorschläge, was Sie sagen können, um den Prozess für Sie beide angenehmer zu gestalten.

Es ist Zeit, aufs Töpfchen zu gehen

Anstatt Ihr Kind direkt zu fragen, ob es aufs Töpfchen muss – was oft zu einem simplen 'Nein' führt –, schaffen Sie eine Struktur, indem Sie feststellen, dass es Zeit für das Töpfchen ist. Dies bereitet den Weg für einen erfolgreichen Toilettengang.

Möchtest du in zwei oder fünf Minuten aufs Töpfchen gehen?

Kinder lieben es, ein Gefühl der Kontrolle und Unabhängigkeit zu haben. Um Machtkämpfe zu vermeiden, bieten Sie Ihrem Kind die Wahl zwischen zwei Ihnen genehmen Optionen (zum Beispiel 2 Minuten oder 5 Minuten) und lassen es entscheiden. Sie können Ihrem Kind auch die Wahl lassen, ob es die normale Toilette oder den Kinder-Töpfchenstuhl benutzen möchte. Indem Sie Ihrem Kind die Entscheidung überlassen, wann und wo es aufs Töpfchen geht, fördern Sie seine Unabhängigkeit und Selbstbestimmung."

"Die Verwendung von Übergängen kann beim Töpfchentraining sehr hilfreich sein. Es ist eine gute Idee, Ihr Kind daran zu gewöhnen, vor und nach Veränderungen im Tagesablauf aufs Töpfchen zu gehen. Hier sind einige hilfreiche Tipps:

Wir essen gleich zu Abend. Lass uns vor dem Essen aufs Töpfchen gehen

Bereiten Sie Ihr Kind auf kommende Aktivitäten vor, indem Sie es darauf hinweisen, was als Nächstes ansteht, und ermutigen Sie es, vorher das Töpfchen zu benutzen. Dies hilft, Unfälle zu vermeiden und eine Routine beim Töpfchengehen zu etablieren. Sie können auch 'Wenn-Dann'-Anweisungen nutzen, um Erwartungen zu setzen, wie zum Beispiel: "Wenn du auf dem Töpfchen warst, können wir danach in den Park gehen."

Geh auf jeden Fall aufs Töpfchen, wenn du das Gefühl hast, aufs Töpfchen gehen zu müssen

Helfen Sie Ihrem Kind, die körperlichen Signale für das Bedürfnis, aufs Töpfchen zu gehen, zu erkennen. Besprechen Sie mit Ihrem Kind, wie sich diese Anzeichen anfühlen, wie zum Beispiel das Gefühl von Blähungen vor dem Stuhlgang. Ermutigen Sie es, dann das Töpfchen aufzusuchen. Wenn Sie bestimmte Verhaltensweisen wie den 'Töpfchentanz' Ihres Kindes bemerken, nutzen Sie dies als Lernmoment, um die Verbindung zwischen körperlichen Empfindungen und dem Bedürfnis, das Töpfchen zu benutzen, zu verstärken.

Achte darauf, dass deine Unterwäsche trocken bleibt. Du fühlst dich besser, wenn sie trocken und bequem ist

Wenn Ihr Kind anfängt, Unterwäsche zu tragen, motivieren Sie es, seine Lieblingsunterwäsche trocken zu halten. Dies stärkt das Gefühl der Verantwortung und fördert die Selbstständigkeit. Die Idee, seine Lieblingsfiguren auf der Unterwäsche trocken und sauber zu halten, kann sehr motivierend wirken."

"Loben Sie Ihr Kind ausgiebig während des Töpfchentrainings. Seien Sie dabei so spezifisch wie möglich, damit Ihr Kind genau versteht, welche Verhaltensweisen positiv sind und gefördert werden. Hier sind einige Vorschläge, wie Sie das tun können:

Ich bin so stolz auf dich, dass du (Zeichen auf der Unterwäsche) trocken hältst!

Positives Feedback ist ein effektiver Weg, um Ihrem Kind dabei zu helfen, die Verbindung zwischen dem Aufhalten des Urins für das Töpfchen und dem Trockenhalten des Körpers zu verstehen. Loben Sie Ihr Kind für seine Bemühungen und seinen Fleiß, anstatt nur allgemein zu sagen, dass es ein gutes Kind ist. Sagen Sie zum Beispiel: "Ich sehe, wie hart du daran arbeitest, deine Unterwäsche trocken zu halten! Fantastische Leistung!" Dies motiviert Ihr Kind, auch nach Rückschlägen weiterzumachen.

Du bist schon ein großes Kind. Du gehst aufs Töpfchen, genau wie ich!

Kleine Kinder lieben es, sich unabhängig zu fühlen. Loben Sie Ihr Kind dafür, dass es sich wie ein "großes Kind" benimmt, um seinen Wunsch nach Autonomie zu fördern. Kinder imitieren auch gerne ihre Eltern, also kann es hilfreich sein, Parallelen zu Ihrem eigenen Verhalten zu ziehen. Aber beachten Sie, dass nicht jedes Kind gleich reagiert; manche fühlen sich vielleicht unter Druck gesetzt oder ängstlich.

Sag mir Bescheid, wenn du aufs Töpfchen gehen musst

Ermutigen Sie Ihr Kind, Ihnen mitzuteilen, wenn es auf die Toilette muss, besonders wenn es in der Öffentlichkeit ist. Dies stärkt sein Selbstbewusstsein und fördert seine Unabhängigkeit.

Denken Sie daran, beim Loben nicht zu übertreiben und es kurz und bündig zu halten, um Druck und Stress für Ihr Kind zu vermeiden."

"Es gibt bestimmte Dinge, die Sie während des Töpfchentrainings vermeiden sollten, um Ihr Kind zu unterstützen und ihm zu helfen, Selbstvertrauen aufzubauen. Hier einige wichtige Punkte:

Vermeiden Sie Kritik und Bestrafung bei Unfällen

Es ist wichtig, nicht negativ zu reagieren, wenn Ihr Kind einen Unfall hat. Anstatt Enttäuschung zu zeigen oder das Kind zu kritisieren, sollten Sie seine Bemühungen anerkennen und positiv verstärken. Sätze wie "Danke für den Versuch! Wir können es nach dem Mittagessen noch einmal versuchen" sind hilfreich, um eine positive Atmosphäre zu schaffen.

Achten Sie auf Ihre Worte und Haltung

Kommentare, die Ekel oder Kritik ausdrücken, wie "Igitt, das ist eklig" oder "Du hast deine Unterwäsche schmutzig gemacht", können zu Scham und Selbstzweifeln führen. In den ersten Jahren ist es entscheidend, ein positives Selbstbild zu fördern.

Statt zu kritisieren, sollten Sie Verständnis zeigen und Unterstützung bieten, um das Selbstvertrauen Ihres Kindes zu stärken.

Geduld ist der Schlüssel

Der Prozess des Töpfchentrainings erfordert viel Geduld von Ihnen und Ihrem Kind. Jedes Kind lernt in seinem eigenen Tempo, und es gibt keinen festgesetzten Zeitrahmen, in dem das Training abgeschlossen sein muss. Bleiben Sie positiv und konzentrieren Sie sich auf den Prozess, nicht auf das Endergebnis. Genießen Sie diese Entwicklungsphase und vertrauen Sie darauf, dass Ihr Kind Fortschritte machen wird.

Reflektieren Sie Ihre Einstellung und Erwartungen

Überprüfen Sie Ihre eigene Haltung und Erwartungen. Wenn Sie spüren, dass Ihr Kind gestresst ist, fragen Sie sich, ob Sie unrealistische Fristen gesetzt oder den Prozess zu stark kontrolliert haben. Versuchen Sie, eine entspannte und positive Herangehensweise zu pflegen. Kinder sind sehr intuitiv und spüren Ihre Ungeduld, was den Lernprozess beeinträchtigen kann. Erinnern Sie sich daran, dass Sie den emotionalen Ton vorgeben. Wenn Sie entspannt und geduldig sind, wird auch Ihr Kind eher in dieser Weise reagieren."

Was ist mit Belohnungen?

Beim Belohnen von Kindern ist es wichtig, dass die Belohnung sofort nach dem erwünschten Verhalten gegeben wird. Zum Beispiel, wenn dein Kind das Töpfchen benutzt, lob es gleich oder gib ihm eine kleine Aufmerksamkeit. Das nennt man positive Verstärkung. Sie hilft besonders beim Töpfchentraining. Eine Belohnung zeigt dem Kind deutlich, dass es etwas richtig gemacht hat. Aber achte darauf, dass die Belohnung zeitnah erfolgt. Versprichst du zum Beispiel ein Lieblingsdessert für das morgendliche Töpfchengehen, ist das nicht so wirksam. Die Belohnungen sollten kurz sein; lange Belohnungen wie Fernsehzeit sind nicht ideal.

Positive Verstärkung kann verbal sein, durch Worte wie „Toll, dass du das Töpfchen benutzt hast!" oder durch Gesten wie Klatschen, Lächeln und Umarmungen. Auch kleine Geschenke, Sticker-Tafeln oder andere Dinge, die dein Kind motivieren, sind gut. Das verbale Lob sollte genau sein und zeigen, was das Kind richtig macht. Es stärkt auch das Selbstbewusstsein und die Motivation.

Übertreibe es aber nicht mit dem Loben, um Druck zu vermeiden. Betone stattdessen die Anstrengung des Kindes und deine Liebe zu ihm, auch wenn mal etwas schiefgeht. Vertraue darauf, dass es Erfolg haben wird. Beim Loben solltest du auch die Persönlichkeit deines Kindes beachten. Was dem einen Kind gefällt, kann beim anderen Ängste hervorrufen.

Wähle also deine Worte weise und achte darauf, dass dein Lob ehrlich ist. Kinder merken schnell, wenn Lob nicht aufrichtig ist.

Hier ist eine herzliche und motivierende Liste von Lob und Ermutigung für den Prozess des Trockenwerdens deines Kindes:

- Wow, ich bin beeindruckt, dass du ganz alleine aufs Töpfchen gegangen bist!
- Schau mal, du hast deine Hose trocken gehalten! Du wirst ja schon ganz groß!
- Super, dass du mir Bescheid gesagt hast, als du aufs Töpfchen musstest. Das hast du toll gemacht!
- Ich bin so stolz auf dich, wie du dich ganz allein abputzt und spülst.
- Du kommst so gut alleine zurecht, aber denk dran, ich bin immer da, wenn du Hilfe brauchst.
- Es ist toll zu sehen, wie fleißig du übst und welche Fortschritte du machst. Ich bin richtig stolz auf dich.
- Es ist so spannend zu beobachten, wie du lernst, alleine aufs Töpfchen zu gehen!
- Danke, dass du mir geholfen hast, nach einem kleinen Missgeschick aufzuräumen.
- Danke, dass du mir von deinem kleinen Unfall erzählt hast. Wir kriegen das hin, machen dich sauber und probieren es einfach nochmal.

Erinnere dich, dass positive Verstärkung schrittweise erfolgt. Wenn dein Kind zuerst kein Interesse zeigt, belohne es für kleine Schritte, wie neben dem Töpfchen zu stehen oder sich darauf zu setzen. Sobald sich dein Kind wohlfühlt, lob es für Erfolge auf dem Töpfchen und dafür, dass es länger trocken bleibt. Jedes Kind ist anders, also passe dich dem Tempo deines Kindes an und feiere jeden kleinen Fortschritt. Gehe zum nächsten Schritt über, sobald dein Kind bereit ist, wie zum Beispiel nach dem erfolgreichen Benutzen des Töpfchens.

Beim Trockenwerden können kleine Belohnungen wie M&Ms, Schokorosinen, Gummibärchen, Kartoffelchips oder Brezeln sehr hilfreich sein. Hier sind ein paar Ideen, wie du diese Belohnungen kreativ einsetzen kannst:

Transparentes Glas: Bewahre die Leckereien in einem durchsichtigen Glas im Badezimmer auf, damit dein Kind sie sehen und sich darauf freuen kann.

Belohnungsschema: Gib deinem Kind ein kleines Leckerli, wie ein M&M, fürs Pinkeln und zwei fürs Großmachen. Dies kann ein starker Anreiz sein.

Spielzeug als Alternative: Falls du keine Süßigkeiten verwenden möchtest, könntest du kleine Spielzeuge als Belohnung einsetzen. Bedenke aber, dass dein Kind am Anfang häufig aufs Töpfchen gehen wird, also wähle die Spielzeuge entsprechend.

Wiederholtes Spiel: Manche Eltern lassen ihr Kind mit einem neuen Spielzeug spielen und legen es danach zurück, sodass das Kind später wieder danach greifen kann. Du könntest auch Spielzeuge für besondere Erfolge, wie unfallfreie Tage, reservieren.

Sticker-Tabelle: Eine visuell ansprechende Methode ist die Verwendung einer Sticker-Tabelle. Jedes Mal, wenn dein Kind aufs Töpfchen geht, darf es einen Sticker aufkleben – einen fürs Pinkeln und zwei fürs Großmachen. Diese Methode lässt sich gut mit Leckereien und Spielzeug kombinieren.

Abschaffung der Sticker-Tabelle: Beachte, dass das Interesse an der Sticker-Tabelle nach ein paar Tagen nachlassen kann. Hör einfach auf, dein Kind an die Sticker zu erinnern, und entferne die Tabelle nach einiger Zeit.

Reduzierung der Belohnungen: Sobald dein Kind konsequent aufs Töpfchen geht, kannst du beginnen, die Belohnungen schrittweise zu reduzieren. Zuerst gibst du vielleicht nur noch Leckereien fürs Großmachen, dann nur noch fürs eigenständige Aufs-Töpfchen-Gehen und schließlich nur noch für unfallfreie Tage.

Besondere Belohnungen für besondere Leistungen: Du könntest auch überlegen, besondere Belohnungen für besondere Erfolge einzuführen, wie ein spezielles Dessert für einen unfallfreien Tag.

Diese Methoden sind flexibel und können je nach den Bedürfnissen und Fortschritten deines Kindes angepasst werden. Wichtig ist, dass das Kind sich durch die Belohnungen ermutigt fühlt und Freude am Lernprozess hat.

Tipps Und Tricks Für Den Einstieg

Eine Töpfchen-Routine einführen

Die frühzeitige Einführung einer Töpfchenroutine hilft, dass der Gang aufs Töpfchen ein normaler Teil des Tages wird. So vermeidet man Stress und Machtkämpfe, da man nicht ständig erinnern muss. Um Ihrem Kind zu helfen, sich an die Routine zu erinnern, können Sie eine Töpfchen-Trainings-Tabelle mit den üblichen Zeiten erstellen.

Hier einige wichtige Momente für den Töpfchengang:

- Gleich morgens
- Vor und nach dem Essen
- Vor Spiel- und Bildschirmzeit
- Vor und nach Ausflügen
- Beim Besuch öffentlicher Orte
- Vor und nach dem Mittagsschlaf
- Vor dem Baden
- Vor dem Schlafengehen

Achten Sie darauf, dass Ihr Kind ausreichend Flüssigkeit zu sich nimmt, um genügend Übungsmöglichkeiten zu haben. Wasser und verdünnter Saft sind gute Getränke, achten Sie aber darauf, nicht zu viel Saft zu geben, um Durchfall zu vermeiden. Bieten Sie auch feuchtigkeitsreiche Lebensmittel und salzige Snacks an. Eine ballaststoffreiche Ernährung ist ebenfalls wichtig.

Empfehlenswerte Getränke und feuchtigkeitsspendende Lebensmittel sind:

- Wasser
- Milch
- Verdünnter Saft
- Entkoffeinierter Tee
- Kokoswasser
- Smoothies
- Eis am Stiel
- Wassermelone und Weintrauben (in kleinen Stücken)

Empfohlene Snacks:

- Chips
- Cracker
- Popcorn
- Früchte
- Brezeln

In den Anfangstagen des Töpfchentrainings ist es sinnvoll, Ihr Kind von der Taille abwärts nackt zu lassen. Mit der Zeit sollten Sie zu dehnbaren, locker sitzenden Hosen ohne Knöpfe oder Reißverschlüsse übergehen, die sich einfach an- und ausziehen lassen. Bei warmem Wetter sind kurze Hosen oder Röcke eine gute Wahl, im Winter eignen sich Jogginghosen oder Leggings, solange sie leicht auszuziehen sind.

Hier sind die Kernpunkte des Kapitels

Sprechen Sie über das Töpfchentraining in kurzer, konsequenter Sprache und verwenden Sie Wörter, die Ihr Kind leicht aussprechen kann.

Achten Sie darauf, während des Töpfchentrainings eine positive, lehrreiche und ermutigende Sprache zu verwenden. Vermeiden Sie Kritik bei Unfällen oder Töpfchenverweigerung, um Machtkämpfe und Gefühle von Versagen und Scham zu vermeiden.

Sehen Sie das Töpfchentraining als einen Prozess und nicht als einmaliges Ereignis an. Diese Einstellung hilft Ihnen, die nötige Geduld zu bewahren.

Belohnungen können als Form der positiven Verstärkung wirksam sein. Sie sind nicht unbedingt notwendig, aber können hilfreich sein. Wenn Sie Belohnungen geben, halten Sie sie klein und geben Sie sie konsequent und unmittelbar nach dem gewünschten Verhalten.

Führen Sie früh eine Töpfchenroutine ein, um Ihrem Kind beizubringen, dass der Gang aufs Töpfchen ein normaler Teil seines Tages ist.

Geben Sie Ihrem Kind in den ersten Tagen des Trainings viel Flüssigkeit, wässrige Lebensmittel und salzige Snacks, um Übungsmöglichkeiten zu schaffen.

Lassen Sie Ihr Kind anfangs Kleidung tragen, die einfach an- und auszuziehen ist, und vermeiden Sie Kleidung mit Knöpfen und Reißverschlüssen.

KAPITEL 4
AUFS TÖPCHEN GEHEN

Es ist an der Zeit, mit dem Töpfchentraining zu beginnen! Hier sind wichtige Informationen und Tipps für den Umgang mit Pipi, Kacka und Unfällen.

Das Pinkel- und Pups-Programm

Dieses Programm ist darauf ausgerichtet, das Töpfchentraining so einfach wie möglich zu gestalten. Da jede Familie individuell ist, nutzen Sie diese Schritte als allgemeine Richtlinien und passen Sie sie an Ihre Bedürfnisse an. Es ist wichtig, den Lehrstil, der am besten zu Ihrem Kind passt, und die Faktoren, die Ihr Kind motivieren oder frustrieren, zu verstehen. Halten Sie die Atmosphäre während des Trainings ruhig und geduldig und folgen Sie der Führung Ihres Kindes. Ermutigen Sie Ihr Kind, auf seinen Körper zu hören und sein eigener Erfolgs-Champion zu sein.

Grundprinzipien des Programms

Anpassung des Programms ist wichtig, um es für Ihr Kind und Ihre Familie passend zu machen. Behalten Sie dabei einige grundlegende Prinzipien im Hinterkopf:

Positiv bleiben: Kinder lernen am besten in einer entspannten, positiven Umgebung ohne Druck und Stress. Bauen Sie eine Partnerschaft mit Ihrem Kind auf, die anerkennt, dass Ihr Kind die Kontrolle über seinen Körper hat und motivieren Sie es zur Unabhängigkeit.

Klar und konsistent sein: Seien Sie während des gesamten Prozesses klar und konsistent in Ihren Erwartungen. Auch wenn dies für Sie beide neu ist, ist es wichtig, Vertrauen zu vermitteln. Setzen Sie Ihre Erwartungen und Routine konsequent durch, einschließlich der Abläufe beim Töpfchengehen (Abwischen, Spülen, Anziehen von Unterwäsche und Hose, Händewaschen und -trocknen).

Aufmerksamkeit widmen

In den ersten Tagen des Töpfchentrainings benötigt Ihr Kind Ihre volle Aufmerksamkeit. Sie lernen die Töpfchengewohnheiten Ihres Kindes kennen und sollten in der Lage sein, dessen Bedürfnisse stündlich vorherzusehen. Halten Sie einen Notizblock bereit, um Zeitpunkte für Pipi und Kacka zu notieren. Dies hilft Ihnen, die besten Zeiten für den Töpfchengang zu erkennen. Beachten Sie, dass diese

Aufmerksamkeit anstrengend sein kann. Ziehen Sie es in Betracht, eine weitere Betreuungsperson einzubinden, um Pausen zu ermöglichen.

Genießen Sie den Prozess

Auch wenn es herausfordernd sein kann, versuchen Sie, den Prozess des Töpfchentrainings zu genießen. Konzentrieren Sie sich auf den gegenwärtigen Moment und lassen Sie Erwartungen über den Verlauf und die Dauer des Trainings beiseite. Ihr Kind wird irgendwann das Töpfchen benutzen lernen. Genießen Sie bis dahin die lustigen und chaotischen Momente und schätzen Sie die Zeit, in der Ihr Kind noch klein ist.

Vorbereitung

Die Vorbereitung auf das Töpfchentraining sollte idealerweise Wochen vorher beginnen. Beziehen Sie Ihr Kind in die Auswahl der Töpfchenausrüstung ein und lesen Sie ihm Bücher zum Thema vor. Lassen Sie Ihr Kind Sie auf die Toilette begleiten, lehren Sie es, sich selbstständig an- und auszuziehen und beziehen Sie es spielerisch in den Prozess ein, um Ängste oder Bedenken zu mildern.

Wählen Sie ein geeignetes Wochenende

Starten Sie das Töpfchentraining an einem Wochenende (vorzugsweise einem langen), an dem Sie sich voll und ganz darauf konzentrieren können. Bleiben Sie in den ersten Tagen in der Nähe Ihres Zuhauses. Wählen Sie ein Wochenende ohne andere Verpflichtungen und beginnen Sie das Training nicht, wenn Ihr Kind krank ist oder sich in einer wichtigen Lebensphase befindet.

Tag 1 des Töpfchentrainings: Schritt für Schritt

Schritt 1: Eine 'Abschiedszeremonie' für die Windeln

Beginnen Sie den ersten Tag mit einer lustigen Zeremonie, um sich offiziell von den Windeln zu verabschieden. Sagen Sie Ihrem Kind, dass es nun ein großes Kind wird und sich von den Windeln verabschiedet. Erklären Sie, dass von nun an Pipi und Kacka in die Toilette gehören und dass Ihr Kind Belohnungen wie Leckerlis und Aufkleber erhält, wenn es das Töpfchen benutzt. Entfernen Sie die Windel Ihres Kindes und sammeln Sie alle übrigen Windeln, um zu symbolisieren, dass sie an Babys gespendet werden, die sie noch benötigen.

Schritt 2: Nackt von der Taille abwärts

In der Anfangsphase des Trainings sollte Ihr Kind von der Taille abwärts nackt sein. Unterwäsche und Trainingshosen können Windeln ähneln und so für Verwirrung sorgen. Das Nacktsein hilft Ihrem Kind, die Unannehmlichkeiten eines Unfalls direkt zu spüren und erleichtert den schnellen Gang zum Töpfchen. Ohne zusätzliche Kleidung können Sie auch leichter erkennen, wenn ein Unfall passiert.

Schritt 3: Informieren Sie Ihr Kind über den Prozess

Nach der Windelzeremonie und dem Ausziehen der Windel und Hose, erklären Sie Ihrem Kind die Lage der Töpfchen oder Toiletten und was zu tun ist, wenn es das Bedürfnis verspürt. Erinnern Sie Ihr Kind an die Handlungen der Figuren in den Töpfchenbüchern und führen Sie eventuell ein Rollenspiel mit einer Puppe durch. Dieser Schritt bereitet Ihr Kind auf die kommenden Tage und Wochen vor. Seien Sie dabei positiv und sachlich, um eine unterstützende Partnerschaft aufzubauen und Ihr Kind zu stärken.

Schritt 4: Sorgen Sie für ausreichend Flüssigkeit und salzige Snacks

Nachdem Sie Ihr Kind mit dem Töpfchentraining vertraut gemacht und die Windeln gewechselt haben, ist es wichtig, für genügend Trinken und Snacks wie wässriges Obst und Salzgebäck zu sorgen. Ziel ist es, Ihrem Kind möglichst viele Gelegenheiten zum Töpfchengehen zu bieten, besonders wenn Sie zuhause sind.

Schritt 5: Beobachten Sie Ihr Kind genau und halten Sie sich in Töpfchennähe auf

Sobald Ihr Kind genug getrunken hat, sollten Sie es genau im Auge behalten. In dieser Phase des Töpfchentrainings benötigt Ihr Kind Ihre volle Aufmerksamkeit. Achten Sie in den ersten Tagen besonders auf die Töpfchengewohnheiten Ihres Kindes und versuchen Sie, seine Bedürfnisse im Voraus zu erkennen. Es ist wichtig, schnell auf kleine Unfälle zu reagieren. Lassen Sie sich nicht durch Handys oder andere elektronische Geräte ablenken und versuchen Sie, Aufgaben an andere Familienmitglieder oder Betreuer zu übergeben. Da das Töpfchentraining anstrengend sein kann, ist es hilfreich, wenn sich auch andere um Ihr Kind kümmern können, sodass Sie gelegentlich eine Pause einlegen können. Halten Sie den Töpfchenstuhl griffbereit oder bleiben Sie in der Nähe des Badezimmers, falls Sie einen Töpfchentrainingssitz benutzen.

Wie erkennen Sie, dass Ihr Kind das Töpfchen braucht? Typische Anzeichen sind Festhalten, Hüpfen (auch bekannt als "Pipi-Tanz"), Zappeln, Unruhe, Kreuzen der Beine und Blähungen vor dem Stuhlgang. Wenn Sie diese Zeichen bemerken, sprechen Sie ruhig mit Ihrem Kind: "Es sieht so aus, als müsstest du mal Pipi oder Kacka machen. Lass uns aufs Töpfchen gehen." Normalerweise urinieren Kinder 3 bis 11 Mal am Tag und müssen meist innerhalb einer Stunde nach dem Trinken einer größeren Menge Flüssigkeit zur Toilette.

Schritt 6: Ermutigen und Erinnern

Während der ersten Tage des Töpfchentrainings, ermutigen Sie Ihr Kind mit kurzen Hinweisen und Erinnerungen, das Töpfchen zu benutzen. Etwas so Einfaches wie "Es ist Zeit fürs

Töpfchentraining" reicht schon aus, um es sanft zum Töpfchenstuhl oder zur Toilette zu führen. Beginnen Sie, Ihr Kind alle 20 bis 30 Minuten zu erinnern, und dehnen Sie die Intervalle schrittweise aus, sobald es mehrmals erfolgreich das Töpfchen benutzt hat. Ziel ist es, dass Ihr Kind eigenständig aufs Töpfchen geht, ohne dass Sie es auffordern müssen.

Seien Sie darauf bedacht, dass Ihre Erinnerungen nicht nervig oder aufdringlich wirken. Vermeiden Sie es, immer wieder zu fragen "Musst du aufs Töpfchen?" - das kann nicht nur irritierend sein, sondern Ihr Kind wird wahrscheinlich mit "Nein" antworten. Beobachten Sie stattdessen die Zeichen Ihres Kindes und die Uhrzeit, um zu entscheiden, wann Sie es zum Töpfchen ermuntern sollten. Vermeiden Sie jedoch zu häufiges Erinnern, um Machtkämpfe zu minimieren.

Wenn Ihr Kind Fortschritte macht, nutzen Sie natürliche Übergänge, um es zum Töpfchen zu motivieren. Bevor Sie eine neue Aktivität starten, können Sie zum Beispiel sagen: "Ich freue mich schon darauf, mit dir zu spielen! Lass uns zuerst aufs Töpfchen gehen." Wenn seit dem letzten Toilettengang 45 bis 60 Minuten vergangen sind oder wenn Sie Anzeichen bemerken, ermuntern Sie Ihr Kind einfach, aufs Töpfchen zu gehen. Seien Sie dabei fröhlich und entspannt, und zwingen Sie Ihr Kind niemals gegen seinen Willen auf die Toilette. Ermutigen Sie es, ein oder zwei Minuten zu sitzen, aber bestehen Sie nicht darauf, dass es auf dem Töpfchen bleibt oder tatsächlich etwas tut, bevor es aufstehen darf. Wenn es darauf besteht, dass es nicht muss, akzeptieren Sie das und versuchen Sie es später erneut.

Hier sind einige nützliche Hinweise und Erinnerungen:

- Sag mir Bescheid, wenn du aufs Töpfchen musst.
- Sag mir, wenn du das Gefühl hast, aufs Töpfchen gehen zu wollen.
- Versuche, trocken zu bleiben.
- Es ist Zeit, aufs Töpfchen zu gehen.
- Nachdem du aufs Töpfchen gegangen bist, können wir etwas essen, spielen oder in den Park gehen.
- Du bist so groß, weil du schon aufs Töpfchen gehst!
- Ich bin stolz auf dich, dass du das Töpfchen benutzt wie ein Großer.
- Danke, dass du es versuchst. Wenn du noch nicht musst, probieren wir es später noch einmal.

Schritt 7: Einfaches Lob als Belohnung

Loben Sie Ihr Kind mit einfachen Worten, wenn es erfolgreich das Töpfchen benutzt hat. Ein Lob wie "Du hast ins Töpfchen gepinkelt. Ja, Pipi gehört ins Töpfchen. Gut gemacht!" ist effektiv. Konzentrieren Sie sich auf positive Formulierungen und vermeiden Sie es, darauf hinzuweisen, wo es nicht hinmachen soll (zum Beispiel auf den Boden oder in die Kleidung), sondern betonen Sie den richtigen Ort. Halten Sie Ihr Lob kurz, einfach und sachlich.

Ich empfehle Ihnen zur Ermutigung und zur Aufrechterhaltung der Motivation des Kindes Anreize wie kleine Belohnungen einzusetzen, um die notwendigen Töpfchenfähigkeiten zu erlernen. Greifbare Belohnungen wie ein kleiner Snack, ein Spielzeug oder ein Aufkleber können hilfreich sein, sollten aber so gewählt werden, dass sie das Kind nicht von der eigentlichen Aufgabe ablenken. Ein einzelnes M&M oder ein Gummibärchen kann bereits als Belohnung für eine erfolgreiche Benutzung des Töpfchens ausreichen.

Es ist wichtig, dass jede Form der positiven Verstärkung – sei es verbales Lob oder eine kleine Belohnung – unmittelbar nach dem gewünschten Verhalten erfolgt, um die Verbindung zwischen dem Verhalten und der Belohnung zu stärken.

Tag 2: Schrittweise Fortsetzung

Tag 2 des Töpfchentrainings baut auf den Erfahrungen von Tag 1 auf, mit einem besonderen Fokus auf die Integration des Töpfchengehens in den Alltag und eventuell einem ersten öffentlichen Ausflug.

Schritt 1: Weiterhin ohne Hose

Da Ihr Kind noch dabei ist, seine Körpersignale zu verstehen und Sie seine Töpfchengewohnheiten weiter kennenlernen, sollte es auch am zweiten Tag zu Hause ohne Hose bleiben. Dies erleichtert den schnellen Gang aufs Töpfchen und hilft Ihrem Kind, die Verbindung zwischen dem Bedürfnis und der Handlung zu verstärken.

Schritt 2: Flüssigkeiten und salzige Snacks beibehalten

Fahren Sie fort, Ihrem Kind reichlich zu trinken zu geben und wässriges Obst sowie salzige Snacks anzubieten. Dies bietet viele Gelegenheiten, das Töpfchentraining zu üben und die Blasenkontrolle zu verbessern.

Schritt 3: Töpfchenzeit in die Routine integrieren

Beginnen Sie, das Töpfchengehen als festen Bestandteil der täglichen Routine Ihres Kindes zu etablieren. Lehren Sie Ihr Kind, dass jeder im Laufe des Tages das Töpfchen benutzen muss. Statt strikt nach Zeit zu gehen und alle 30 Minuten zu erinnern, ermutigen Sie Ihr Kind, vor jedem Übergang - wie nach dem Aufwachen, vor dem Beginn einer neuen Aktivität oder bevor es nach draußen geht - aufs Töpfchen zu gehen. Wenn 45 bis 60 Minuten seit dem letzten Töpfchengang vergangen sind, sollten Sie Ihr Kind ebenfalls ermutigen, das Töpfchen zu benutzen. Ziel ist es, sich mehr auf die Körpersignale Ihres Kindes und die natürlichen täglichen Übergänge zu verlassen, anstatt auf feste Zeitintervalle.

Diese Schritte sollen Ihrem Kind helfen, ein Gefühl der Unabhängigkeit und Selbstregulierung in Bezug auf das Töpfchengehen zu entwickeln.

Schritt 4: Unternehmungen im Kommando-Stil

Wenn Sie sich bereit fühlen und Ihr Kind am ersten Tag erfolgreich das Töpfchen benutzt hat, ist es Zeit für einen kurzen Ausflug. Wählen Sie eine Aktivität, die nicht zu lange dauert (etwa 15 bis 30 Minuten), wie einen Besuch im nahe gelegenen Park oder eine schnelle Erledigung. Hier sind einige Vorschläge:

Für kurze Ausflüge (5 bis 10 Minuten)

- Gehen Sie nach draußen und erkunden Sie die Umgebung. Suchen Sie nach Blumen, Käfern oder Steinen.
- Beobachten Sie Wolken oder Flugzeuge.
- Machen Sie einen kurzen Spaziergang zum Briefkasten oder bis zum Ende Ihres Blocks und zurück.
- Ein kurzer Spaziergang mit dem Hund bietet eine gute Gelegenheit für ein Gespräch über das Töpfchen.

Für etwas längere Ausflüge (15 bis 30 Minuten)

- Wasserspiele im eigenen Garten.
- Gehen Sie ein paar Blocks weiter.
- Besuchen Sie einen nahegelegenen Park.
- Erledigen Sie eine schnelle Besorgung.
- Räumen Sie das Auto aus.
- Gießen Sie Pflanzen oder das Gras.

Erinnern Sie Ihr Kind daran, seine Hose trocken zu halten und Ihnen Bescheid zu sagen, wenn es das Gefühl hat, aufs

Töpfchen gehen zu müssen. Nehmen Sie ein Reisetöpfchen für unterwegs mit. Gehen Sie unmittelbar vor dem Verlassen des Hauses noch einmal aufs Töpfchen, ohne dabei Zeitdruck zu erzeugen. Packen Sie zusätzliche Kleidung für den Fall eines Unfalls ein. Eine Abdeckung für den Autositz oder Kinderwagen kann auch nützlich sein.

Loben Sie Ihr Kind, wenn es während des gesamten Ausflugs trocken bleibt, und ermutigen Sie es, nach der Rückkehr nach Hause das Töpfchen zu benutzen. Kleine Belohnungen sind optional, aber eine ausgiebige verbale Anerkennung ist empfehlenswert.

Tag 3: Einführung von Unterwäsche

Am dritten Tag des Töpfchentrainings bleibt die grundlegende Vorgehensweise gleich, doch der spannende Schritt ist die Einführung von Unterwäsche.

Schritt 1: Flüssigkeiten und salzige Snacks beibehalten

Setzen Sie fort, Ihrem Kind viel zu trinken zu geben sowie wässriges Obst und salzige Snacks anzubieten, um ihm ausreichend Gelegenheiten für das Töpfchentraining zu bieten.

Schritt 2: Unterwäsche einführen

Wenn Ihr Kind bisher gut Fortschritte gemacht hat und mehrmals erfolgreich das Töpfchen benutzt hat, ist es an der Zeit, Unterwäsche einzuführen. Loben Sie Ihr Kind den gesamten Tag über dafür, dass es seine Unterwäsche trocken und sauber hält. Dies hilft, die Verbindung zwischen dem erfolgreichen Toilettengang und dem Gefühl, trocken und wohl zu sein, zu stärken. Nutzen Sie dies auch als eine subtile Erinnerung daran, das Töpfchen zu benutzen, ohne Druck auszuüben. Machen Sie es spielerisch, indem Sie sagen: "Lass uns [Lieblingsfigur auf der Unterwäsche] trocken halten. Zeit fürs Töpfchen!"

Beachten Sie jedoch, dass Unterwäsche die Windeln in ihrer warmen und bequemen Beschaffenheit nachahmen kann. Falls Sie feststellen, dass Ihr Kind mehr Unfälle hat, nachdem Sie Unterwäsche eingeführt haben, kann es sinnvoll sein, vorübergehend zu nacktem Unterkörper oder zu Unterhosen zurückzukehren. Probieren Sie es dann nach ein paar Tagen oder Wochen erneut mit Unterwäsche, sobald Ihr Kind wiederholt erfolgreich das Töpfchen benutzt hat.

Dieser Schritt ist eine wichtige Phase im Töpfchentraining, da er das Kind dazu ermutigt, ein Bewusstsein für Trockenheit und

Sauberkeit zu entwickeln und das Töpfchengehen als Teil seines Alltags zu etablieren.

Schritt 3: Ausflug mit mehr Selbstständigkeit

Am dritten Tag des Töpfchentrainings ist es an der Zeit, einen weiteren Ausflug zu planen, diesmal etwas länger als am Vortag (etwa 45 bis 60 Minuten). Ziel ist es, das Vertrauen Ihres Kindes in seine Töpfchenfähigkeiten auch außerhalb des Hauses zu stärken.

Vor dem Ausflug: Erinnern Sie Ihr Kind daran, das Töpfchen zu benutzen, bevor Sie das Haus verlassen. Vermeiden Sie es jedoch, Druck auszuüben. Es ist wichtig, dass Ihr Kind sich nicht gehetzt oder gestresst fühlt.

Reisetöpfchen und Erinnerungen: Machen Sie Ihrem Kind bewusst, dass das Reisetöpfchen zur Verfügung steht und wie wichtig es ist, seine Unterwäsche trocken zu halten, besonders wenn es eine Lieblingsfigur darauf hat. Diese Erinnerungen können auf spielerische und positive Weise erfolgen.

Vorbereitungen für den Ausflug: Packen Sie Wechselunterwäsche und Hosen ein, falls Unfälle passieren sollten. Es ist wichtig, auf solche Situationen vorbereitet zu sein, ohne Stress oder Enttäuschung zu zeigen.

Nach dem Ausflug: Wenn Ihr Kind während des Ausflugs trocken bleibt, sollten Sie es ausgiebig loben. Dies stärkt das Selbstvertrauen und die Motivation Ihres Kindes. Unabhängig davon, ob es trocken geblieben ist oder nicht, ermutigen Sie es, nach der Rückkehr nach Hause das Töpfchen zu benutzen.

Diese Schritte helfen Ihrem Kind, die Töpfchenroutine in verschiedenen Umgebungen zu verstehen und zu praktizieren, und unterstützen es dabei, ein Gefühl für Unabhängigkeit und Verantwortung in Bezug auf seine Körperhygiene zu entwickeln.

Tag 4 und darüber hinaus: Festigung und Unabhängigkeit

Nach dem dritten Tag des Töpfchentrainings geht es darum, die erlernten Fähigkeiten zu festigen und die Selbstständigkeit Ihres Kindes weiter zu fördern.

Konstante Töpfchenroutine beibehalten: Es ist wichtig, die Töpfchenroutine konsequent fortzusetzen. Weiterhin viel Flüssigkeit, wässriges Obst und salzige Snacks anbieten, um Ihrem Kind ausreichend Gelegenheiten zum Üben zu geben.

Weniger Aufforderungen: Beginnen Sie schrittweise, Ihr Kind weniger häufig aufzufordern, das Töpfchen zu benutzen. Loben Sie es, wenn es von sich aus aufs Töpfchen geht und seine Unterwäsche trocken hält. Dies fördert seine Selbstständigkeit und das Verständnis für seine Körperbedürfnisse.

Reagieren Sie auf die Bedürfnisse Ihres Kindes: Wenn Ihr Kind weiterhin Unfälle hat, ist es vielleicht noch nicht bereit für größere Herausforderungen wie öffentliche Ausflüge oder das Tragen von Unterwäsche. Passen Sie sich an das Tempo und die Fähigkeiten Ihres Kindes an.

Zeitrahmen für den Erfolg: Es gibt keinen festen Zeitplan für den Erfolg beim Töpfchentraining. Einige Kinder brauchen nur wenige Tage, andere mehrere Monate. Jedes Kind entwickelt sich individuell, und es ist wichtig, geduldig und unterstützend zu sein.

Was zu beachten ist

- Bleiben Sie bei Ihrer Töpfchenroutine.
- Fahren Sie fort, Ihrem Kind viel zu trinken zu geben und es mit Snacks zu versorgen, die das Töpfchentraining unterstützen.
- Reduzieren Sie schrittweise die Aufforderungen, um die Selbstständigkeit Ihres Kindes zu fördern.
- Reduzieren Sie Belohnungen allmählich, besonders wenn Ihr Kind das Töpfchengehen beherrscht. Wenn Sie eine Sticker-Tabelle verwenden, kann diese als erstes entfallen. Belohnungen für erfolgreiche Toilettengänge oder für Tage ohne Unfälle können ebenfalls reduziert werden.
- Seien Sie auf Unfälle vorbereitet und behandeln Sie diese gelassen. Es ist ein normaler Teil des Lernprozesses.
- Das Ziel in den kommenden Tagen und Wochen ist es, Ihrem Kind zu helfen, sich in seinem eigenen Tempo an die Töpfchenroutine zu gewöhnen und zunehmend unabhängiger zu werden. Geduld, Verständnis und positive Verstärkung sind dabei entscheidend.

Lassen Sie uns über das Thema Stuhlgang sprechen

Es ist völlig normal, wenn Ihr Kind in den ersten Tagen des Töpfchentrainings noch keinen Stuhlgang hat. Kinder haben weniger Gelegenheiten, das Großmachen auf dem Töpfchen zu üben, im Vergleich zum Urinieren. Oft warten sie bis zum Mittagsschlaf oder bis zum Abend, bevor sie ihr Geschäft verrichten, oder sie halten ihren Stuhl sogar zurück.

Die Gründe für eine Zurückhaltung beim Stuhlgang sind vielfältig: Angst, der Wunsch nach Kontrolle und manchmal Verstopfung. Kinder können ihren Stuhl als Teil von sich selbst betrachten und fühlen sich unwohl dabei, ihn im Töpfchen zu sehen. Für sie kann es auch unheimlich sein, neue Geräusche wie das Plätschern nach dem Stuhlgang zu hören. Es ist hilfreich, Ihrem Kind die Körperfunktionen rund um Essen, Trinken und Verdauung spielerisch zu erklären. Vielleicht lesen Sie ihm ein Buch über die menschliche Anatomie vor oder nutzen eine Puppe, um das Töpfchengehen zu demonstrieren. Zeigen Sie mit einer Rosine, wie die Puppe ihr Geschäft verrichtet, und feiern Sie dies gemeinsam.

Wenn Ihr Kind Widerstand gegen das Töpfchengehen zeigt, geht es oft darum, Kontrolle auszuüben. Sie können Ihr Kind jedoch nicht zwingen, auf das Töpfchen zu gehen. Vermeiden Sie Druck, da dies zu mehr Angst und Widerstand führen kann.

Ihr Kind wird das Töpfchen benutzen, wenn es sich dabei sicher fühlt. Wenn es sich in seinen Schlafanzug macht, bleiben Sie gelassen und beziehen Sie es in den Prozess ein, sich vom Stuhlgang zu verabschieden, indem Sie es sanft daran erinnern, dass das Töpfchen der richtige Ort dafür ist.

Es ist wichtig, die Regelmäßigkeit des Stuhlgangs Ihres Kindes zu beobachten und es zu ermutigen, nach den Mahlzeiten auf dem Töpfchen zu sitzen. Bieten Sie ihm etwas zur Unterhaltung an, um das Sitzen angenehmer zu machen. Bedenken Sie auch, dass Stuhlgang Privatsphäre erfordern kann. Wenn Ihr Kind zögert oder ängstlich ist, lassen Sie ihm seinen Freiraum.

Achten Sie auch darauf, dass Ihr Kind nicht unter Verstopfung leidet. Anzeichen dafür können schmerzhafter, harter Stuhl, Unbehagen beim Stuhlgang und Angst vor dem Töpfchen sein. Helfen Sie Ihrem Kind, indem Sie seine Flüssigkeits- und Ballaststoffaufnahme erhöhen. Weitere Informationen zur Verstopfung finden Sie in einem späteren Kapitel.

Einsteiger-Tipps für das Töpfchentraining

Jungs und Mädchen entwickeln sich unterschiedlich, und das gilt auch für das Töpfchentraining. Während Jungs oft ein wenig später bereit sind als Mädchen, den Schritt weg von Windeln zu wagen, ist der Unterschied meist nur eine Frage von Monaten. Mädchen sind normalerweise innerhalb von 3 bis 6 Monaten bereit für den vollständigen Wechsel, während Jungs oft ein paar Monate länger brauchen.

Für Jungs empfiehlt es sich, am Anfang beim Töpfchentraining im Sitzen zu starten. Das macht es einfacher, ihnen beizubringen, sowohl fürs Pipi-Machen als auch für größere

Geschäfte das Töpfchen zu benutzen. Außerdem reduziert es die Notwendigkeit für zusätzliches Aufräumen. Bring deinem Jungen bei, beim Sitzen auf dem Töpfchen seine Beine etwas zu spreizen und seinen Penis nach unten zu richten, um Verletzungen zu vermeiden. Das Stehen beim Pinkeln kann später kommen, sobald er sich sicher auf dem Töpfchen fühlt. Es gibt auch kreative Methoden, wie Zielscheiben im Töpfchen, die das Ganze spielerisch und motivierend gestalten können.

Bei Mädchen ist es anders, da sie sowohl fürs kleine als auch fürs große Geschäft sitzen. Wichtig ist hier, ihnen beizubringen, sich von vorne nach hinten abzuwischen, um Infektionen zu vermeiden. Dieser Prozess benötigt Geduld und Übung, aber mit der richtigen Anleitung wird auch das Töpfchentraining zu einem erfolgreichen Teil der kindlichen Entwicklung."

Umgang mit Unfällen beim Töpfchentraining

Es ist ganz normal und zu erwarten, dass während des Töpfchentrainings hin und wieder kleine Missgeschicke passieren. Diese Unfälle sind nicht nur unvermeidbar, sie sind sogar ein wichtiger Teil des Lernprozesses. Sie lehren dein Kind, die unangenehmen Folgen von Nässe und Unbehagen zu verstehen und daraus zu lernen.

Wenn es zu einem Unfall kommt – und das wird es sicherlich – , erinnere dich daran, dass dies ein Schritt in die richtige Richtung ist. Oft passieren diese Missgeschicke, weil dein Kind in sein Spiel vertieft ist oder es einfach vergisst, rechtzeitig auf das Töpfchen zu gehen. Auch wenn es manchmal frustrierend sein kann, versuche, ruhig zu bleiben und dein Kind weder zu kritisieren noch zu bestrafen. Das könnte den Prozess nur erschweren und zusätzlichen Stress verursachen.

Falls du den Unfall direkt beobachtest, reagiere schnell, aber ruhig. Hebe dein Kind auf und bringe es zum Töpfchen, dabei kannst du sanft erklären, dass „Pipi und Kacka aufs Töpfchen gehören". Lob und gegebenenfalls eine kleine Belohnung sind angebracht, wenn es deinem Kind gelingt, etwas in das Töpfchen zu machen. Diese kleinen Erfolge sollten gefeiert werden.

Nachdem die Töpfchenroutine abgeschlossen ist, beziehe dein Kind in den Aufräumprozess ein. Lasse es helfen, alles sauber zu machen und zu verstehen, wohin die Ausscheidungen gehören. Wenn du den Unfall nicht gleich bemerkst, ist das kein Grund zur Sorge. Du kannst das Missgeschick immer noch gemeinsam mit deinem Kind bereinigen und es daran erinnern, wohin es das nächste Mal gehen soll. Und wenn dein Kind dir von seinem Unfall erzählt, sei stolz darauf, dass es mit dir darüber spricht.

Vermeide Sätze wie „Das ist schon in Ordnung". Es ist wichtig, Verständnis zu zeigen und deinem Kind zu versichern, dass du nicht böse bist, aber gleichzeitig solltest du ihm auch klar machen, dass Unfälle nicht das Ziel sind. Ermutige es stattdessen, es das nächste Mal rechtzeitig auf das Töpfchen zu schaffen.

Falls Unfälle häufiger vorkommen, kannst du anfangen, dein Kind regelmäßig, etwa alle 30 bis 60 Minuten, zu erinnern oder einen Timer zu stellen. Töpfchenbücher und Rollenspiele mit Puppen können ebenfalls hilfreich sein. Außerdem solltest du überlegen, ob vielleicht eine Verstopfung vorliegt, da dies auch zu häufigeren Unfällen führen kann."

Hygienepraktiken

Es ist wichtig, Kindern frühzeitig gute Hygienegewohnheiten beizubringen. Zeigen Sie Ihrem Kind, wie es sich nach dem Toilettengang die Hände waschen soll. Erklären Sie ihm, dass es so Keime entfernt, die Krankheiten verursachen können. Machen Sie es auf Schmutz aufmerksam, der sich an den Händen und unter den Nägeln befinden kann, und zeigen Sie ihm den Unterschied vor und nach dem Waschen. Halten Sie das Gespräch einfach und verständlich. Um das Händewaschen ansprechender zu gestalten, verwenden Sie kinderfreundliche Seifenspender und singen Sie Lieder wie "The Wheels on the Bus" oder "Row, Row, Row Your Boat", um sicherzustellen, dass Ihr Kind seine Hände mindestens 20 Sekunden lang wäscht. Achten Sie darauf, dass alle Seiten der Hände und die Fingerzwischenräume gereinigt werden. Helfen Sie Ihrem Kind beim Abtrocknen der Hände.

Das korrekte Abwischen nach dem Toilettengang ist eine weitere wichtige Fähigkeit. Lehren Sie Ihr Kind frühzeitig, dass das Abwischen ein wesentlicher Bestandteil des Toilettengangs ist, genau wie das Spülen und Händewaschen. Zeigen Sie ihm, wie viel Toilettenpapier es benutzen sollte – eine gute Faustregel ist die Länge vom Finger bis zum Ellbogen. Erklären Sie, dass man sich von vorne nach hinten abwischen sollte, insbesondere bei Mädchen. Bringen Sie Ihrem Kind bei, sich nach dem Wasserlassen sauber und trocken zu tupfen.

Beim Stuhlgang erfordert das Abwischen mehr Anleitung. Zuerst führen Sie es vor und lassen Ihr Kind beim zweiten Mal helfen. Erklären Sie, dass es so lange wischen soll, bis kein Schmutz mehr auf dem Toilettenpapier sichtbar ist. Manche Kinder finden es einfacher, sich in die Hocke zu setzen und die Zehen zu berühren, damit sich die Pobacken etwas spreizen. Erinnern Sie Ihr Kind daran, das benutzte Toilettenpapier jedes Mal in die Toilette zu werfen, um Verschmutzungen zu vermeiden, und danach zu spülen.

Beachten Sie, dass Ihr Kind möglicherweise noch nicht über die nötigen motorischen Fähigkeiten verfügt, um sich richtig abzuwischen, besonders nach dem Stuhlgang. Setzen Sie realistische Erwartungen, geben Sie klare Anweisungen und bieten Sie viele Übungsmöglichkeiten. Viele Vorschullehrer unterstützen Kinder nicht beim Abwischen, daher ist es wichtig, dass Ihr Kind diese Fähigkeit beherrscht, bevor es diese Einrichtung besucht.

Erklären Sie Ihrem Kind auch, wie wichtig es ist, nach der Benutzung der Toilette zu spülen. Einige Kinder könnten anfangs Angst vor dem Spülgeräusch haben, aber die meisten gewöhnen sich schnell daran.

Zum Abschluss dieses Kapitels blicken wir zurück und fassen die Schlüsselpunkte unseres Töpfchentrainingsprogramms zusammen:

Einfachheit und Flexibilität: Das Programm ist bewusst einfach und geradlinig gehalten, lässt aber Raum für individuelle Anpassungen, denn es gibt keine Einheitslösung.

Positiver, klarer und konsistenter Ansatz: Bleiben Sie positiv, klar in Ihren Anweisungen und konsequent in Ihrem Vorgehen. Achten Sie gut auf Ihr Kind und versuchen Sie, den Prozess so angenehm wie möglich zu gestalten.

Dreitägiger Schritt-für-Schritt-Prozess: Das Programm gliedert sich in einen 3-tägigen Prozess, wobei ab dem vierten Tag die gleichen Schritte beibehalten werden.

Tag 1: Lassen Sie Ihr Kind unten ohne herumlaufen, bieten Sie viel Flüssigkeit an, beobachten Sie es aufmerksam und fordern Sie es regelmäßig auf, das Töpfchen zu benutzen. Beginnen Sie mit kurzen Intervallen zwischen den Aufforderungen und verlängern Sie diese allmählich.

Tag 2: Führen Sie die Übungen von Tag 1 fort und unternehmen Sie einen kurzen Ausflug. Nehmen Sie ein Reisetöpfchen und Wechselkleidung mit.

Tag 3: Setzen Sie das Programm wie an den Vortagen fort, wagen Sie aber einen etwas längeren Ausflug und führen Sie Unterwäsche ein, wenn Sie und Ihr Kind bereit sind.

Entwicklung einer Routine: Ziel ist es, eine Töpfchenroutine zu entwickeln, die sich auf natürliche Übergänge im Tagesablauf stützt.

Geduld bei Stuhlgang: Machen Sie sich keine Sorgen, wenn Ihr Kind anfangs nicht auf der Toilette Stuhlgang hat. Ermutigen Sie es, sich nach den Mahlzeiten aufs Töpfchen zu setzen und bieten Sie Unterhaltung, um es zu motivieren.

Geschlechtsspezifische Unterschiede: Beachten Sie leichte Unterschiede im Töpfchentraining zwischen Jungen und Mädchen, insbesondere hinsichtlich der Bereitschaft, Dauer und Hygienepraxis.

Umgang mit Unfällen: Unfälle sind normal und Teil des Lernprozesses. Erinnern Sie Ihr Kind daran, wo Pipi und Kacka hingehören, beziehen Sie es in die Säuberung mit ein und machen Sie dann weiter.

Hygienemaßnahmen: Beziehen Sie Ihr Kind frühzeitig in Hygienemaßnahmen ein, um eine gute Grundlage zu schaffen.

KAPITEL 5

NICKERCHEN UND NACHTS: SO KLAPPT'S MIT DEM TÖPFCHEN

Ihr Kleiner wird ja schon groß und schafft es tagsüber schon prima, das Töpfchen zu nutzen. Aber wie sieht es mit dem Mittagsschlaf und der Nacht aus? Da sind vielleicht ein paar neue Tricks gefragt.

Mittagsschlaf-Strategie

Töpfchentraining am Tag hängt von vielen Entwicklungsaspekten ab - körperlich, psychisch, motorisch, und kognitiv. Aber beim Mittagsschlaf zählt vor allem die körperliche Entwicklung. Ob Ihr Kind beim Schlafen trocken bleibt, hängt stark von seiner Blasenentwicklung ab. Selbst wenn es geistig und emotional weit ist, kann es sein, dass seine Blase noch nicht bereit ist, Urin zu halten oder das Gehirn rechtzeitig zu wecken. Manche Kinder schlafen so fest, dass sie nicht merken, wenn sie müssen (also keine Sorge, Mittagsschlaf-Unfälle passieren meist ungewollt). Mit der Zeit reifen Schlaf- und Blasenwahrnehmung. Warten Sie, bis Ihr Kind tagsüber das Töpfchentraining gemeistert hat und regelmäßig mit trockener Windel aufwacht, bevor Sie mit dem Training während des Mittagsschlafs starten.

In der Zwischenzeit, lassen Sie Ihr Kind vorm Schlafen noch mal aufs Töpfchen. Ziehen Sie ihm dann eine Trainingswindel an, die anders aussieht als normale Windeln. Erklären Sie, dass es eine besondere "Mittagsschlaf-Unterhose" ist. Wenn darauf eine Figur abgebildet ist, benennen Sie sie (zum Beispiel "Prinzessinnen-Unterhose"). Ermutigen Sie Ihr Kind, die Unterhose trocken zu halten. Nach dem Aufwachen, loben Sie es, wenn die Unterhose trocken ist. Wichtig: Setzen Sie Ihr Kind nicht unter Druck, das kommt mit der Zeit. Ziehen Sie die Trainingswindel gleich nach dem Mittagsschlaf aus, um Verwirrung zu vermeiden.

Sobald Ihr Kind mehrere Mittagsschläfe hintereinander trocken bleibt, kann es losgehen mit dem Töpfchentraining am Mittag. Vor dem Schlaf noch mal aufs Töpfchen, dann Unterwäsche und darüber die Trainingswindel. So merkt Ihr Kind, wenn ein Malheur passiert. Wenn es dann auch mit Unterwäsche und Trainingswindel trocken bleibt, kann die Trainingswindel weg. Legen Sie eine Schutzdecke auf die Matratze und lassen Sie Ihr Kind in Unterwäsche schlafen. Ermutigen Sie es, die Unterwäsche trocken zu halten und belohnen Sie es danach.

Wenn es zu häufigen Unfällen kommt, gehen Sie zurück zu Unterwäsche plus Trainingswindel. Das kann bedeuten, dass Ihr Kind körperlich noch nicht ganz bereit ist. Kein Stress, machen Sie einfach später weiter.

Autofahrten & Töpfchentraining

Autofahrten während des Töpfchentrainings können herausfordernd sein, besonders wenn Ihr Kind zu Nickerchen im Auto neigt. Hier ein paar Tipps, um Unfälle zu vermeiden: Lassen Sie Ihr Kind vor der Abfahrt noch einmal aufs Töpfchen gehen. Während der Fahrt sollte es nur wenig trinken und versuchen, die Autofahrten kurz zu halten. Um Nickerchen zu vermeiden, halten Sie Ihr Kind beschäftigt. Singen, fröhliche Musik, Gespräche über das Fahrtziel und Spiele wie "Ich sehe was, was du nicht siehst" sind tolle Wege, um es wach und aktiv zu halten. Trotzdem, Nickerchen lassen sich manchmal nicht vermeiden. In solchen Fällen nutzen Sie einen Schutz für den Autositz und ziehen Sie Ihr Kind für längere Fahrten in einen Strampelanzug. Wechseln Sie diesen sofort nach Ankunft.

Nächtliches Töpfchentraining

Nächtliches Trockenbleiben die größte Errungenschaft im Töpfchentraining. Der Erfolg nachts kommt meist viel später als tagsüber und während des Mittagsschlafs. Dies hängt stark von der physiologischen Entwicklung Ihres Kindes ab. Kinder sind bereit für das nächtliche Töpfchentraining, wenn sie entweder nachts aufwachen, um die Toilette zu nutzen, oder ihre Blase groß genug ist, um den Urin bis zum Morgen zu halten. Ein guter Anhaltspunkt für die Bereitschaft ist, wenn Ihr Kind tagsüber fast unfallfrei bleibt, beim Mittagsschlaf trocken bleibt und mehrere Morgen hintereinander in einer trockenen Trainingswindel aufwacht.

In der Regel schaffen es Kinder, nachts trocken zu bleiben, 6 Monate bis 1 Jahr nachdem sie tagsüber trocken geworden sind. Die meisten Kinder bleiben bis zum Alter von 5 Jahren die ganze Nacht über trocken. Bettnässen ist recht häufig, besonders bei Jungen. Nächtliche Unfälle sind meist physiologisch bedingt, wie eine kleine Blase, Muskelentspannung im Schlaf oder die Unfähigkeit, den Harndrang im Schlaf zu erkennen.

Start des nächtlichen Töpfchentrainings

Wenn es um das nächtliche Töpfchentraining geht, ist Geduld das A und O. Eine gute Regel ist, mindestens 6 Monate zu warten, nachdem Ihr Kind tagsüber, einschließlich der Schlafenszeit, erfolgreich das Töpfchen benutzt, bevor Sie mit dem nächtlichen Training beginnen. Achten Sie auch darauf, dass Ihr Kind morgens mehrere Male in einer trockenen Trainingswindel aufwacht, was ein Zeichen seiner Bereitschaft ist.

Hier einige Anzeichen dafür, dass Ihr Kind für das nächtliche Training bereit ist:

- Ihr Kind möchte ohne Windel schlafen.
- Es schläft in einem Kinderbett mit leichtem Zugang zur Toilette.
- Es kann selbstständig aufstehen, die Hose herunter- und wieder hochziehen.

- Ihr Kind erkennt das Bedürfnis, das Töpfchen zu benutzen, und geht regelmäßig von sich aus darauf.

Was tun, während Sie auf physiologische Bereitschaft warten?

Halten Sie Ihre Tagesroutine am Töpfchen bei. Die nächtliche Routine entwickelt sich aus dem Tag.

Seien Sie bewusst im Umgang mit Flüssigkeiten. Viel trinken am Tag, aber weniger nach dem Abendessen, besonders zuckerhaltige Getränke sollten 2 Stunden vor dem Schlafen vermieden werden.

Integrieren Sie Töpfchengänge in die Abendroutine. Lassen Sie Ihr Kind etwa 30 Minuten vor dem Schlafen und direkt vor dem Schlafengehen aufs Töpfchen gehen.

Nutzen Sie nächtliche Windel, während Sie auf die Bereitschaft Ihres Kindes warten. Nennen Sie sie "Nachtunterhosen" und ziehen Sie sie direkt nach dem Aufwachen aus. Um ein morgendliches Malheur zu verhindern, wecken Sie Ihr Kind etwa 10-15 Minuten früher als üblich, entfernen Sie die Windel und lassen Sie es aufs Töpfchen gehen.

Anzeichen der Bereitschaft erkennen und reagieren

Wenn Ihr Kind mehrmals hintereinander trocken aufwacht, ist das ein gutes Zeichen für seine Bereitschaft. Gehen Sie dann so vor, wie Sie es beim Mittagsschlaf gemacht haben: Ziehen Sie ihm Unterwäsche an und darüber eine Trainingswindel für die Nacht. Bleibt Ihr Kind auch nachts trocken, können Sie die Trainingswindel weglassen und nur noch Unterwäsche tragen.

Loben Sie Ihr Kind für das Trockenbleiben am Morgen, aber übertreiben Sie es nicht mit Belohnungen. Da das Trockenbleiben in der Nacht oft unbewusst geschieht, sollten Sie nicht zu sehr darauf bestehen. Ein einfaches "Gut gemacht" reicht vollkommen aus.

Vorbereitung auf Unfälle

Seien Sie auf Unfälle vorbereitet und schützen Sie die Matratze Ihres Kindes mit einem wasserdichten Bezug. Legen Sie zwei Schichten auf das Bett: eine wasserdichte Abdeckung, ein Laken, eine weitere wasserdichte Abdeckung und noch ein Laken. Bei einem Unfall können Sie die oberen beiden Schichten einfach entfernen, damit das Bett schnell wieder einsatzbereit ist. Backpulver oder Eukalyptusöl helfen, Uringeruch zu beseitigen.

Gehen Sie entspannt mit Unfällen um und bedenken Sie, dass es bis zu einem Jahr dauern kann, bis Ihr Kind jede Nacht trocken bleibt. Wenn jedoch über einige Wochen immer wieder Unfälle passieren, könnte dies bedeuten, dass Ihr Kind physiologisch noch nicht bereit ist. Kehren Sie dann zu der Trainingswindel zurück und versuchen Sie es später noch einmal.

Alternative Methode: Traumpinkeln

Einige Eltern wecken ihr Kind 60 bis 90 Minuten nach dem Einschlafen oder mitten in der Nacht für ein "Traumpinkeln" auf. Diese Methode kann zu weniger Unfällen führen, beschleunigt aber wahrscheinlich nicht die physiologische Entwicklung des Kindes und könnte sogar die Entwicklung korrekter

Gehirnsignale behindern. Sie sollte nur in Erwägung gezogen werden, wenn sie den Schlaf des Kindes nicht stark beeinträchtigt und es leicht wieder einschlafen kann. Denken Sie daran, dass Sie jederzeit Ihre Methode anpassen können, wenn Sie merken, dass sie weder für Sie noch für Ihr Kind gut funktioniert.

Wann Bettnässen zum Problem wird

Bettnässen wird meist dann als Problem betrachtet, wenn ein Kind mindestens 5 Jahre alt ist und über einen Zeitraum von mindestens 3 Monaten häufiger als einmal pro Woche nachts ins Bett macht. Es ist ratsam, einen Arzt aufzusuchen, wenn Ihr Kind 7 Jahre oder älter ist und mehr als zwei- bis dreimal pro Woche ins Bett nässt. Vor dem Alter von 7 Jahren wird Bettnässen jedoch meist nicht als besorgniserregend angesehen, da das Kind noch dabei sein kann, die nächtliche Blasenkontrolle zu entwickeln. Mit der Zeit hört das Bettnässen bei den meisten Kindern von selbst auf.

Arztbesuch bei Bettnässen

Suchen Sie einen Kinderarzt auf, wenn:

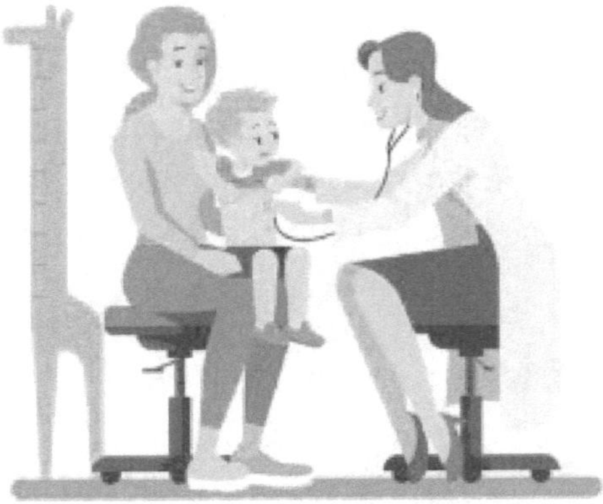

- Ihr Kind 7 Jahre oder älter ist und seit Monaten häufig ins Bett nässt.
- Ihr Kind Rückfälle hat, also nach einer Phase der Trockenheit wieder ins Bett nässt.
- Ihr Kind über Schmerzen beim Wasserlassen klagt, ungewöhnlich viel Durst hat, rosa oder roten Urin ausscheidet, unter hartem Stuhl leidet oder schnarcht (da dies ein Hinweis auf Schlafapnoe sein kann, welche das nächtliche Töpfchentraining beeinträchtigen kann).

Bedenken Sie, dass Bettnässen oft familiär bedingt ist und auch auf Schlafstörungen oder medizinische Probleme wie Harnwegsinfektionen, Probleme mit den Harnleitern, Tonsillen- oder Adenoidalhypertrophie oder Stress zurückzuführen sein kann. Der Kinderarzt kann feststellen, ob medizinische Gründe für das Bettnässen vorliegen. Mögliche Behandlungen könnten ein Alarmsystem für Bettnässen, die Behandlung von Verstopfung oder Medikamente umfassen. Wenn die in diesem Kapitel beschriebenen Strategien nicht wirken, sollten Sie mit Ihrem Arzt weitere Optionen besprechen. Notieren Sie sich dazu die Ess- und Trinkgewohnheiten Ihres Kindes, die

Häufigkeit des Bettnässens und wie oft es uriniert, um dies beim Arzttermin zu besprechen.

Zusammenfassung und Ausblick

-Die Bereitschaft Ihres Kindes für das Töpfchentraining hängt vor allem von seiner physiologischen Entwicklung ab. Beginnen Sie mit dem nächtlichen Training, wenn Ihr Kind tagsüber, einschließlich des Mittagsschlafs, erfolgreich das Töpfchen benutzt und mehrere Morgen lang trocken aufwacht.

-Entwickeln Sie eine konsequente Schlafenszeit-Routine, die wenig Trinken nach dem Abendessen, regelmäßige Töpfchengänge vor dem Schlafengehen und das frühe Aufwecken vor der gewöhnlichen Weckzeit einschließt, um Unfälle zu vermeiden.

-Bedenken Sie, dass es bis zu einem Jahr dauern kann, bis Ihr Kind jede Nacht trocken bleibt. Die meisten Kinder sind im Alter von 5 Jahren vollständig darauf vorbereitet. Seien Sie geduldig bei Unfällen und vertrauen Sie darauf, dass Ihr Kind die Fähigkeit entwickeln wird, wenn es bereit ist.

KAPITEL 6

WAS IST MIT MEINEM KIND ?

Sie haben die Grundlagen bereits gemeistert, aber Ihr Kind scheint noch nicht ganz dabei zu sein. Persönlichkeitsmerkmale, Entwicklungsverzögerungen und besondere Situationen können das Töpfchentraining beeinträchtigen. In solchen Fällen besteht die Gefahr von Machtkämpfen. Hier sind einige Tipps, wie Sie die Beziehung zu Ihrem Kind stärken und den Weg des Töpfchentrainings erfolgreich fortsetzen können.

Kinder mit einem starken Willen

Kinder, die willensstark, eigensinnig und temperamentvoll sind, können beim Töpfchentraining eine echte Herausforderung darstellen. Gleichzeitig sind sie oft hochgradig eigenmotiviert und selbstbestimmt, was sich zu Ihrem Vorteil nutzen lässt. Sie sind mutig und unabhängig und möchten Dinge auf ihre eigene Art und in ihrem eigenen Tempo lernen. Daher neigen sie dazu, Grenzen auszutesten. Es kann auch vorkommen, dass sie sehr intensive Emotionen zeigen. Bedenken Sie, dass es für einen Machtkampf immer zwei Parteien braucht. Sie können sich daraus lösen, indem Sie die Gefühle Ihres Kindes anerkennen und gleichzeitig klare Grenzen setzen. Sie könnten beispielsweise sagen: 'Ich verstehe, Sie möchten sich jetzt nicht die Hände waschen. Das kann ich nachvollziehen.' Es ist wichtig, eine echte Verbindung zu Ihrem Kind aufzubauen und ihm zu zeigen, dass Sie seine Frustration verstehen, bevor Sie versuchen, es zur Zusammenarbeit zu bewegen.

Nachdem Sie die Gefühle des Kindes anerkannt haben, wechseln Sie zu Strategien, um die Regeln einzuhalten. Lenken Sie das Verhalten Ihres Kindes um, indem Sie sagen: 'Ja, ich sehe, Sie brauchen meine Hilfe beim Händewaschen', und führen Sie dann sanft, aber bestimmt seine Hände unter das Wasser. Versuchen Sie, den Vorgang aufmunternd zu gestalten, indem Sie ein lustiges Lied singen oder beschreiben, was Sie tun. Sie könnten zum Beispiel sagen: 'Wasch, wasch die Keime weg. Tschüss, Keime!' Mit der Zeit wird Ihr Kind weniger Widerstand leisten, wenn Sie diesen Vorgang positiv gestalten. Loben Sie Ihr Kind, wenn es fertig ist, indem Sie sagen: 'Ich verstehe, dass Sie sich nicht gerne die Hände waschen. Danke, dass ich Ihnen helfen durfte.' Danach machen Sie am besten schnell weiter, um nicht zu sehr auf das unerwünschte Verhalten zu fokussieren.

Es gibt noch einige andere Strategien, die Sie anwenden können, um Ihrem willensstarken Kind ein wenig Kontrolle zu geben, ohne Ihr Ziel, die Töpfchenroutine einzuhalten, zu gefährden."

Zwei Optionen anbieten

Ein super Tipp fürs Töpfchentraining bei Ihrem kleinen Dickkopf (oder eigentlich bei jedem Kind) ist, immer zwei Optionen anzubieten. So haben Sie beide etwas Kontrolle. Sie könnten Ihrem Kind zum Beispiel die Wahl lassen, welche Unterhose es tragen möchte, wo das Töpfchen stehen soll, ob es in 2 oder 5 Minuten aufs Töpfchen gehen möchte, welchen Saft es trinken möchte, ob es Hilfe beim An- und Ausziehen braucht und sogar, wohin der nächste Ausflug gehen soll.

Geben Sie Ihrem Kind immer nur zwei Möglichkeiten, damit es nicht überfordert ist, und stellen Sie sicher, dass Sie mit beiden Optionen einverstanden sind. Es ist total frustrierend und verwirrend, wenn man eine Entscheidung trifft und dann hört, dass es die 'falsche' war. Wenn Sie also möchten, dass Ihr Kind entscheidet, wohin der Ausflug gehen soll, könnten Sie sagen: 'Wir gehen gleich los. Möchtest du in die Bibliothek oder in den Park?' In anderen Situationen könnten Sie sagen: 'Du hast zwei Möglichkeiten: Entweder ziehst du dich selbst aus oder ich helfe dir dabei' oder 'Zeit, deine Unterhose anzuziehen. Willst du die mit Superman oder die mit Batman?' oder 'Töpfchenzeit! Willst du ein Buch lesen oder mit diesem Spielzeug spielen?' Es ist echt klasse für Kids, selbst Entscheidungen treffen zu dürfen.

'Wenn/Dann'-Aussagen nutzen

'Wenn/Dann'-Aussagen sind auch eine tolle Methode, um Ihr Kind zur Mitarbeit zu motivieren und eine bessere Kooperation zu erreichen. Nutzen Sie 'Wenn/Dann'-Aussagen, wenn Ihr Kind erst etwas tun muss, bevor es zu einer anderen Aktivität übergehen oder eine Belohnung bekommen kann. Sie könnten zum Beispiel sagen: 'Gleich geht's in den Park. Wenn du aufs Töpfchen gehst, dann können wir los.' Oder wenn Ihr Kind auf dem Töpfchen war und Sie seine Hilfe beim Spülen und Händewaschen brauchen, bevor es weitergeht, könnten Sie sagen: 'Badezeit! Wenn du spülst und dir die Hände wäschst, können wir baden.'

Wichtig ist, dass Sie zur nächsten Aktivität erst übergehen, wenn Ihr Kind das erledigt hat, was Sie ihm gesagt haben. Das baut Vertrauen auf und zeigt Ihrem Kind, dass Sie es ernst meinen. Also würden Sie zum Beispiel das Haus erst verlassen, wenn Ihr Kind zumindest versucht hat, auf dem Töpfchen zu gehen.

Bei willensstarken Kindern ist es wichtig, Ihre Erwartungen klar zu formulieren und sie durch 'Wenn/Dann'-Aussagen ruhig und deutlich zu kommunizieren."

Stärken Sie die Bindung zu Ihrem Kind

Falls das Töpfchentraining Ihre Beziehung zu Ihrem Kind etwas strapaziert hat, konzentrieren Sie sich erstmal auf diese Bindung. Eine starke, herzliche Beziehung erhöht die Chancen, dass Ihr Kind mitmacht. Versuchen Sie, jeden Tag auf Augenhöhe mit Ihrem Kind zu kommen und einfach mal zusammen zu spielen. Das stärkt Ihre Beziehung enorm und schafft eine gute Basis für das Töpfchentraining.

Einen Gang zurückschalten

Wenn Ihr Kind sich gar nicht erst aufs Töpfchen setzen möchte, ist es Zeit, einen Schritt zurückzugehen. Es ist unrealistisch zu erwarten, dass Ihr Kind das Töpfchen benutzt, wenn es noch nicht mal lange genug darauf sitzen bleibt. Fangen Sie klein an und belohnen Sie Ihr Kind dafür, dass es sich überhaupt aufs Töpfchen setzt – vielleicht mit einem Gummibärchen oder einem Stück Obst. Wenn Ihr Kind sich erstmal sicher fühlt, können Sie es dafür loben, dass es das Töpfchen auch benutzt. Versuchen Sie, ruhig zu bleiben, wenn es sich weigert, und nutzen Sie die 'Wenn/Dann'-Methode, um es zur Mitarbeit zu bewegen. Sagen Sie zum Beispiel: 'Wenn du auf dem Töpfchen sitzt, kannst du dir ein Spielzeug aussuchen.' Feiern Sie die kleinen Erfolge Ihres Kindes und vertrauen Sie ihm so weit wie möglich.

Geduld ist das A und O

Bei willensstarken Kindern braucht es beim Töpfchentraining eine Extraportion Geduld. Versuchen Sie, nicht gleich aufzugeben und zurück zu den Windeln zu greifen. Wenn Sie denken, dass Ihr Kind bereit fürs Töpfchentraining ist, bleiben Sie dran. Ihr kleiner Sturkopf wird es letztendlich meistern."

Ängstliche Kinder beim Töpfchentraining

Beim Töpfchentraining mit einem ängstlichen Kind kann es manchmal etwas knifflig werden. Der Schlüssel liegt darin, herauszufinden, was genau die Angst auslöst, und dann geduldig daran zu arbeiten, diese Ängste zu überwinden. In der Zwischenzeit, lassen Sie Belohnungen weg, die Ihr Kind wegen seiner Angst nicht erreichen kann. Es bringt nur Frustration und Schamgefühle, wenn man etwas nicht schafft, weil die Angst im Weg steht.

Die Angst kann von der Toilette selbst kommen, wie zum Beispiel die Furcht vor dem Spülen. Wenn Ihr Kind mal Schmerzen beim Toilettengang hatte, könnte das auch ein Grund sein. Sollten Sie Verdacht auf Verstopfung haben, schauen Sie mal in Kapitel 9 nach.

Wenn Sie glauben, dass die Ängste Ihres Kindes mit der Toilette zu tun haben, gehen Sie einen Schritt zurück und fangen Sie mit den Grundlagen an, die in Kapitel 2 besprochen werden. Bücher über das Töpfchentraining können helfen, die Erfahrung zu normalisieren. Und vergessen Sie nicht: Spielen ist ein tolles

Werkzeug! Lassen Sie Ihr Kind mit einer Puppe um das Töpfchen herumspielen, um herauszufinden, ob es bestimmte Ängste gibt.

Bei hartnäckiger Weigerung, das Töpfchen zu benutzen, kann schrittweise Exposition helfen. Das bedeutet, Ihr Kind langsam an Situationen heranzuführen, die Angst auslösen, und ihm dabei zu helfen, sich zu beruhigen. Fangen Sie mit leichten Dingen an, wie Bücher lesen oder Videos über das Töpfchengehen anschauen. Dann spielen Sie mit einer Puppe oder Action-Figur und deren Spielzeugtoilette. Loben Sie die Puppe für ihren Mut und spielen Sie Szenarien nach, in denen sie ihre Angst überwindet.

Als Nächstes gehen Sie mit der Puppe oder Actionfigur ins Badezimmer. Schlagen Sie Ihrem Kind vor, sich auf das Töpfchen zu setzen, aber drängen Sie es nicht. Loben Sie Ihr Kind, wenn es sich traut, und betonen Sie, wie mutig und tapfer es ist. Wenn es sich sträubt, ist das kein Problem. Solche Dinge brauchen manchmal etwas Zeit.

Bei ängstlichen Kindern können kleine Anpassungen helfen, wie ein Wechsel auf einen Töpfchenstuhl, wenn das Spülen zu laut ist. Finden Sie heraus, was die Angst auslöst, und passen Sie die Situation entsprechend an. Wenn Ihr Kind trotz all dieser Strategien weiterhin Angst hat, könnte es hilfreich sein, einen Berater oder Psychologen um Rat zu fragen."

Spät dran? Kein Stress!

Entwicklung bei Kindern ist so eine Sache – jedes Kind ist anders, und das ist völlig okay. Beim Töpfchentraining gibt's auch keine Einheitsgröße. Manche Kids brauchen einfach länger, und das ist auch total in Ordnung. Ihr Kind lernt alles nach seinem eigenen Takt. Wenn Sie alle medizinischen Gründe wie Verstopfung ausgeschlossen haben, dann ist es Zeit, dem Prozess und Ihrem Kind zu vertrauen.

Wenn Ihr Kleines zu den Spätzündern gehört, ist es leicht, sich Sorgen zu machen, besonders wenn Sie es mit anderen Kindern vergleichen. Aber hier ist die Sache: Elternsein ist kein Wettbewerb. Nur weil Ihr Kind sich Zeit lässt, heißt das nicht, dass Sie oder Ihr Kind versagt haben. Kinder spüren Druck und das kann für euch beide stressig sein. Spätstarter brauchen eine extra Portion Ermutigung und Vertrauen. Hier sind ein paar Tipps, was Sie für Ihren kleinen Spätzünder tun können.

Volle Vorbereitung ist die halbe Miete

Ihr Spätzünder lernt vielleicht nicht über Nacht, aber Sie können ihn super darauf vorbereiten. Bücher über das Töpfchentraining lesen, mit Puppen oder Actionfiguren üben – das alles hilft, den Prozess weniger mysteriös zu machen und Ihr Kind zu motivieren. Singen Sie Töpfchentrainingslieder und nutzen Sie jeden Tag als 'Lernmoment'. Nehmen Sie Ihr Kind mit aufs Klo und erzählen Sie, was Sie machen. So lernt es ganz nebenbei."

Neue Taktik gefragt?

Wenn das Töpfchentraining auf der Stelle tritt, weil Ihr Kind einfach keine Lust hat, aufs Töpfchen zu gehen, könnte es Zeit für einen frischen Ansatz sein. Ein kleiner Reminder für Ihr Kind, dass die Helden auf der Unterwäsche es nicht cool finden, wenn sie 'nass' werden, kann Wunder wirken. Aber dann: Nicht mehr drüber reden. Ständige Erinnerungen können für ein stures Kind wie Druck wirken. Lassen Sie Ihr Kind alleine aufs Klo gehen, es sei denn, es wünscht sich Ihre Anwesenheit. Bleiben Sie bei Missgeschicken ganz ruhig und bitten Sie Ihr Kind, beim Aufräumen zu helfen. Beziehen Sie es in das Wechseln der Kleidung ein, aber behandeln Sie das Aufräumen nicht wie eine Strafe. Sehen Sie es eher als natürliche Folge des Malheurs. Loben Sie Ihr Kind jedes Mal, wenn es die Toilette benutzt – viel Lob und körperliche Zuneigung sind jetzt super wichtig. Zeigen Sie ihm, wie stolz Sie darauf sind, dass es so groß wird.

Hilfe holen

Eltern von Spätzündern sind manchmal am Ende ihrer Geduld. Das Töpfchentraining kann sich zu einer längeren Reise entwickeln, als gedacht. Keine Sorge, es ist total okay, sich mal als Elternteil überfordert zu fühlen. Vielleicht ist jetzt der perfekte Zeitpunkt für eine kleine Töpfchen-Pause und um andere Betreuer mit ins Boot zu holen. Eine Pause kann Wunder wirken und Ihnen eine frische Perspektive sowie mehr Geduld bringen. Und Ihr Kind? Das profitiert vielleicht auch davon, von jemand anderem zu lernen."

Zeit für ein kleines Selbstgespräch

Manchmal müssen wir uns selbst gegenüber ehrlich sein. Ist Ihr Kind wirklich der Spätzünder, oder schieben Sie das Töpfchentraining ein bisschen auf die lange Bank? Falls es eher an Ihrer eigenen Zögern liegt, keine Panik! Es geht darum, sich neu zu sortieren und in kleinen Schritten voranzukommen. Und hey, Sie lesen ja schon dieses Buch – das ist ein super Anfang!

Machen wir uns nichts vor, manchmal haben wir alle ein bisschen Bammel vor neuen Herausforderungen. Haben Sie Bedenken, dass das Töpfchentraining zu kompliziert oder chaotisch wird? Zweifeln Sie an den Fähigkeiten Ihres Kindes oder vielleicht sogar an Ihren eigenen? Stellen Sie sich mal die Fragen: 'Stimmen diese Bedenken wirklich?' und 'Helfen mir diese Gedanken dabei, mein Kind aufs Töpfchen zu bekommen?'

Zum Schluss fragen Sie sich: 'Welche positiven Gedanken kann ich über das Töpfchentraining haben, die uns beide weiterbringen?' Nehmen Sie sich ein bisschen Zeit, um über Ihre Einstellung nachzudenken, und versuchen Sie, sie ein bisschen realistischer und positiver zu gestalten. Eine gute Portion Optimismus kann Wunder wirken und dazu beitragen, dass Sie weniger zögern, loslegen und Erfolge feiern."

Einsteiger-Tipps und -Tricks

Hilfe holen ist total okay!

Für frischgebackene Eltern fühlt es sich manchmal so an, als müssten sie alles alleine meistern. Aber in Wahrheit kann es für Kids manchmal einfacher sein, auf andere Familienmitglieder zu hören. Vielleicht lassen sich Ihre Kleinen ja von Oma, Opa, der coolen Tante oder dem lässigen Cousin eher davon überzeugen, wie super das Töpfchen ist.

Und wenn Sie mal ein paar Tage zu Hause feststecken, zögern Sie nicht, jemanden um Hilfe zu bitten. Gönnen Sie sich eine kurze Auszeit für einen Kaffee oder einen Spaziergang – die kleine 'Ich-Zeit' ist superwichtig.

Tipps für Kinder mit besonderen Bedürfnissen

Das Töpfchentraining kann eine Herausforderung sein, besonders bei Kindern mit besonderen Bedürfnissen. Denken Sie daran, dass diese Kids oft später starten und manchmal bis 5 Jahre oder älter brauchen, um den Prozess abzuschließen. Manche Kinder mit schweren körperlichen Einschränkungen brauchen vielleicht länger Hilfe beim An- und Ausziehen.

Der erste Schritt ist zu prüfen, ob Ihr Kind bereit fürs Töpfchentraining ist. (Mehr dazu in Kapitel 1.) Jedes Kind, besonders mit besonderen Bedürfnissen, entwickelt sich in seinem eigenen Tempo. Sie zu etwas zu drängen, wofür sie noch nicht bereit sind, bringt nichts und frustriert alle. Aber Herausforderungen anzunehmen, kann das Selbstwertgefühl Ihres Kindes enorm stärken. Nur Sie wissen, was das Beste für Ihr Kind ist.

Wenn Ihr Kind besondere Bedürfnisse hat, sollten Sie ein paar Dinge vor dem Start bedenken. Holen Sie sich Unterstützung von Ihrem Partner, Verwandten oder Freunden, um die Stimmung oben zu halten. Sprechen Sie auch mit dem Kinderarzt Ihres Kindes und anderen Fachleuten, die sich um Ihr Kind kümmern. Sie können Ihnen spezifische Tipps geben und Infos zu speziellen Hilfsmitteln, die Sie vielleicht brauchen."

Tipps für Kinder mit Sprachverzögerungen

Bei Kids mit Sprachverzögerungen kann das Kommunizieren des Bedürfnisses, aufs Töpfchen zu gehen, eine echte Herausforderung sein. Wenn Ihr Kind bereit fürs

Töpfchentraining ist, aber Schwierigkeiten mit der Sprache hat, suchen Sie nach einer einfachen Kommunikationsweise, die für euch beide funktioniert. Ein Zeichen oder eine Geste für 'muss Pipi' oder 'muss Kacka' kann super hilfreich sein. Vielleicht bringt ihr euch gemeinsam ein paar einfache Zeichen der Gebärdensprache bei? Seien Sie kreativ und passen Sie die Zeichen an die kleinen Händchen Ihres Kindes an. Wenn Ihr Kind sein eigenes Zeichen entwickelt, super! Holen Sie sich auch Tipps vom Sprachtherapeuten Ihres Kindes für passende Wörter und Gesten.

Ein weiterer Tipp ist die Verwendung von greifbaren Symbolen oder Bildern. Vielleicht hält Ihr Kind ein kleines Fliesenstück hoch, um zu sagen, dass es aufs Klo muss, oder zeigt auf ein Toilettenbild.

Tipps für Kinder mit Sehbehinderungen

Bei sehbehinderten Kindern ist es eine gute Idee, mit dem Töpfchentraining zu warten, bis ihre Sprachfähigkeiten gut entwickelt sind. Bringen Sie Ihr Kind zum Töpfchen und lassen Sie es das Badezimmer oder den Bereich um das Töpfchen herum erkunden. Nehmen Sie es mit aufs Klo und erklären Sie, was Sie tun. Führen Sie seine Hände zu allen Teilen der Toilette, wie dem Toilettenpapier, der Spülung und dem Waschbecken. Das Töpfchen sollte immer am gleichen Ort stehen und der Weg dorthin frei sein. Vielleicht finden Sie auch ein Töpfchen, das Musik spielt, wenn es benutzt wird – das könnte Spaß machen und hilfreich sein."

Tipps für Kinder mit Hörbehinderungen

Für Kids mit Hörbehinderungen sind visuelle Hilfen super wichtig. Zeigen Sie Ihrem Kind, wie das Töpfchentraining funktioniert, lesen Sie Bücher vor und nutzen Sie Bilder, um alles zu veranschaulichen.

Bringen Sie Ihrem Kind wichtige Zeichen wie 'nass', 'trocken' und 'muss mal' bei, bevor Sie mit dem Töpfchentraining starten. Fangen Sie damit an, diese Zeichen zu verwenden, wenn Sie zur Toilette gehen oder die Windel wechseln. Bleiben Sie dabei, bis Ihr Kind die Zeichen selbst machen kann. Sobald es die Grundzeichen draufhat, können Sie ihm weitere beibringen, wie Hose runterziehen, abwischen, spülen und Händewaschen. Achten Sie auch auf die Körpersprache Ihres Kindes, um zu erkennen, wann es aufs Töpfchen muss. Loben Sie Ihr Kind für seine Kommunikationsversuche und wiederholen Sie die Töpfchenzeichen oft.

Eine tolle Idee ist es, eine Bildsequenz zu erstellen: Auf die Toilette gehen, Hose runter, sich hinsetzen, warten, abwischen, Hose hoch, spülen, Hände waschen. Diese Bilder können Sie im Badezimmer aufhängen, damit Ihr Kind sie sich immer wieder anschauen kann."

Tipps für Kinder mit intellektuellen und Entwicklungsverzögerungen

Wenn Ihr Kind Entwicklungsverzögerungen hat, ist es wichtig, seinen individuellen Charakter und seine Lernweise zu berücksichtigen. Vielleicht müssen Sie den Töpfchentrainingsprozess etwas langsamer angehen. Manche

Kinder lernen am besten durch Nachahmung, andere brauchen klare, einfache Anweisungen.

Beginnen Sie mit kleinen Schritten, wie das Gehen ins Bad oder das Sitzen auf der Toilette mit und dann ohne Hose. Beziehen Sie das Hochziehen und Runterlassen der Hose erst ein, wenn Ihr Kind die Toilettenroutine gut kann. Wenn Ihr Kind nur begrenzt sprechen kann, halten Sie Ihre Anweisungen kurz und klar, wie "Nass! Zeit zum Umziehen!"

Für Kinder mit Verzögerungen wird das Töpfchentraining einfacher, wenn sie mit ihrer Kleidung umgehen können, zumindest minimal kommunizieren und sich bewusst sind, dass sie auf die Toilette müssen. Verwenden Sie einfache Sprache und überprüfen Sie regelmäßig die Windel. Zeigen Sie Ihrem Kind auch Bücher und Videos über das Töpfchentraining und üben Sie mit einer Puppe oder Action-Figur. Wenn es bereit ist, wenden Sie die Strategien aus Kapitel 4 an und sprechen Sie bei Fragen mit Ihrem Kinderarzt.

Töpfchen-Motivatoren

Um Ihr Kind beim Töpfchentraining zu motivieren, halten Sie besondere Gegenstände bereit, die es nur benutzt, wenn es auf dem Töpfchen sitzt. Dazu gehören Lieblingsmusik, Familienfotos, Zappelspielzeug, musikalisches Spielzeug, Pfeifen, Bubbles, Bilderbücher und kleine Spielzeuge. Diese Gegenstände sind ausschließlich für die Töpfchenzeit gedacht.

Töpfchengeschichten und visuelle Hilfen

Töpfchengeschichten, die sich auf Ihr Kind beziehen und leicht verständlich sind, können sehr hilfreich sein. Sie können Fotos im Alltag verwenden und die Geschichte mehrmals am Tag vorlesen. Wenn Ihr Kind in der Schule ist, erstellen Sie eine zweite Geschichte für dort. Visuelle Hilfen können ebenfalls nützlich sein. Erstellen Sie ein einfaches Poster, das die Schritte des Töpfchengehens zeigt und was danach kommt, wie z. B. eine Belohnung. Hängen Sie das Poster im Badezimmer auf und nehmen Sie es bei Ausflügen mit."

Zwei oder mehr Kids gleichzeitig aufs Töpfchen?

Beim Töpfchentraining von zwei oder mehr Kindern gleichzeitig gibt's einiges zu beachten. Jedes Kind ist anders, also checken Sie, ob jedes einzelne bereit fürs Töpfchen ist. Manche Kids motiviert es, wenn sie sehen, dass ihr Geschwisterchen auch trainiert, andere finden das eher störend. Es klingt vielleicht praktisch, wenn alle gleichzeitig loslegen, aber achten Sie auf die individuellen Bedürfnisse und die Dynamik zwischen den Kids.

Wenn Sie mehrere Kinder gleichzeitig trainieren, kann es hilfreich sein, eine weitere Person zur Unterstützung zu haben. Viel Unterwäsche und für jedes Kind einen Töpfchenstuhl in jedem Stockwerk Ihres Hauses können auch nicht schaden. Und wenn's um Belohnungen geht, achten Sie darauf, dass jedes Kind das bekommt, was es motiviert. Um Neid zu vermeiden, sollte jedes Kind zumindest die Möglichkeit haben, aufs Töpfchen zu gehen, bevor es nach Belohnungen fragt.

Vorsicht mit Belohnungstabellen, die könnten Geschwister in Konkurrenz setzen. Manche Eltern lassen kleine Leckereien ganz weg und führen stattdessen einen lustigen Siegestanz auf, um alle Kinder einzubeziehen. Finden Sie heraus, was für Ihre Familie am besten funktioniert.

Und denken Sie dran: Jedes Kind lernt anders. Manche lieben viel Lob, andere brauchen mehr Privatsphäre. Manche sind offen für ihre Körperfunktionen, andere zögerlicher. Versuchen Sie nicht, mit dem Erfolg eines Kindes ein anderes zu motivieren. Das könnte Eifersucht und Rückschritte fördern. Stattdessen konzentrieren Sie sich auf die Erfolge aller Kinder und bleiben Sie positiv. Wenn eines der Kinder schneller Fortschritte macht, machen Sie einfach weiter und geben Sie dem Kind die nötige Aufmerksamkeit. Die anderen Kids werden wahrscheinlich bald nachziehen und Interesse zeigen, wenn sie sehen, wie gut es bei den Geschwistern läuft."

Tipps für das Töpfchentraining während Übergängen und Veränderungen

Das Töpfchentraining ist eine große Sache für die ganze Familie und es ist am besten, es nicht während anderer großer Veränderungen zu starten. Manchmal lässt sich das aber nicht vermeiden. Wenn Ihr Kind während eines Umbruchs wie einem Urlaub, einer Scheidung oder dem Verlust eines Familienmitglieds Töpfchentraining macht, setzen Sie sich keine harten Fristen und seien Sie bereit für mögliche Rückschritte. Es ist normal, dass Stress und Veränderungen das Töpfchentraining beeinträchtigen können, und manchmal ist es besser, eine Pause einzulegen und später wieder anzufangen.

Während einer Scheidung kann das Töpfchentraining manchmal pausiert werden. Es ist möglich, das Training in zwei Haushalten durchzuführen, aber geben Sie Ihrem Kind zuerst Zeit, sich an die Veränderungen zu gewöhnen. Halten Sie die Kommunikation mit Ihrem Ex-Partner aufrecht und versuchen Sie, in beiden Haushalten einen ähnlichen Zeitplan und dieselben Regeln zu haben. Wenn Sie Belohnungen verwenden, halten Sie diese in beiden Häusern gleich. Kaufen Sie zwei Sets von Töpfchentrainingsartikeln und versuchen Sie, die Routine so konstant wie möglich zu halten. Kinder sind erstaunlich anpassungsfähig und werden mit etwas Geduld das Töpfchentraining meistern, auch wenn die Haushalte nicht perfekt synchronisiert sind.

Zusammenfassung der wichtigsten Punkte

- Persönliche Eigenschaften und besondere Situationen beeinflussen das Töpfchentraining.
- Bei willensstarken Kindern: Vermeiden Sie Machtkämpfe und bieten Sie viele Wahlmöglichkeiten.
- Bei ängstlichen Kindern: Finden Sie die Ursache der Angst und helfen Sie ihnen schrittweise.
- Spätzünder brauchen eventuell länger für das Töpfchentraining.
- Kinder mit besonderen Bedürfnissen: Holen Sie sich Unterstützung und konsultieren Sie Fachleute.
- Bei mehreren Kindern: Passen Sie den Ansatz an jedes Kind an und vermeiden Sie Vergleiche.
- Vermeiden Sie das Töpfchentraining während stressiger Zeiten.

- Bei einer Scheidung: Halten Sie die Kommunikation aufrecht und sorgen Sie für Konstanz."

Das Töpfchentraining kann mal einfach, mal herausfordernd sein. Keine Sorge, falls es nicht gleich klappt – Panik ist nicht nötig! Vielleicht suchst du nach ein paar Tipps, um es besser hinzubekommen, besonders wenn du mal nicht vor Ort sein kannst. Kein Problem! In den nächsten Abschnitten gibt's genau dazu passende Ratschläge. Also, lass uns mal sehen, was wir tun können!

KAPITEL 7

TAGESPFLEGE UND ANDERE BETREUUNGSSITUATIONEN

In einer perfekten Welt könnten Sie immer zu Hause sein, wenn Ihr Kleines lernt, das Töpfchen zu benutzen. Aber mal ehrlich, das ist oft nicht machbar, und etwas Unterstützung wäre echt hilfreich, oder? Lassen Sie uns mal durchgehen, wie man andere Betreuer ins Boot holt, um das Töpfchentraining zu meistern.

Bei der Tagesbetreuung: Ideal wäre es, mit dem Töpfchentraining zu starten, wenn Ihr Kind gerade keine großen Veränderungen, wie den Wechsel in eine neue Kita, erlebt. Warten Sie am besten, bis sich Ihr Kind an die neue Umgebung gewöhnt hat. (Falls das Warten nicht möglich ist, beginnen Sie idealerweise mindestens vier Tage vorher mit dem Training.) Informieren Sie sich schon beim Vorstellungsgespräch in der Kita über deren Vorgehensweisen und Richtlinien zum Töpfchentraining. Stellen Sie viele Fragen und lesen Sie alles genau durch, bevor Sie den Vertrag unterschreiben. Manche Einrichtungen erwarten, dass die Kinder fast ohne Windeln und Unfälle auskommen, andere unterstützen Sie dabei. Wissen Sie also, was die Kita von Ihnen erwartet.

Gemeinsam mit der Kita: Es ist wichtig, dass Sie und die Kita-Leitung Hand in Hand arbeiten und offen kommunizieren. Das Töpfchentraining in der Kita ist Teamarbeit. Ideal ist es, wenn Sie und die Betreuer eine gemeinsame Strategie finden, die Ihrem Kind am besten hilft. Dies reduziert Verwirrung und Frustration bei Ihrem Kind. Aber bleiben Sie flexibel und beachten Sie die Regeln der Kita. Meistens sind die Einrichtungen kooperativ und arbeiten gerne mit Ihnen zusammen.

Weitere Tipps für die Kita: Finden Sie heraus, welche Art von Töpfchen die Kita benutzt und überlegen Sie, ob Sie zu Hause dasselbe Modell verwenden sollten. Berücksichtigen Sie die Bedürfnisse der Betreuer, da sie mehrere Kinder gleichzeitig beaufsichtigen müssen. Seien Sie darauf vorbereitet, dass während des Mittagsschlafs eventuell Trainingsunterhosen bevorzugt werden, um zusätzlichen Reinigungsaufwand zu vermeiden. Ziehen Sie Ihrem Kind praktische Kleidung an, die es leicht ausziehen kann, und packen Sie mindestens zwei Wechselhosen, Unterwäsche und Socken ein, sowie einen großen wasserdichten Beutel für verschmutzte Kleidung.

Wenn Ihr Kind eine bevorzugte Betreuungsperson hat: Fragen Sie diese Person, ob sie bereit ist, die Verantwortung für das Töpfchentraining zu übernehmen. Diese Person sollte auf die Signale Ihres Kindes achten, es regelmäßig aufs Töpfchen bringen und bei Unfällen helfen. Teilen Sie der Betreuungsperson die Anzeichen und Gewohnheiten Ihres Kindes beim Töpfchentraining mit, damit sie sich darauf einstellen kann. Machen Sie Ihr Kind mit der Einrichtung vertraut, einschließlich des Standorts des Töpfchens. Lassen Sie es vor dem Verlassen der Einrichtung aufs Töpfchen gehen, um Sicherheit und Vertrauen zu schaffen.

Fragen an die Kita

- Wie wird das Töpfchengehen während des Tages gehandhabt? Gibt es feste Zeiten oder wird nach Bedarf gefragt?
- Wie belohnen Sie Kinder für den Gang aufs Töpfchen? Verbales Lob, Belohnungen oder beides?
- Was tun Sie, wenn sich Kinder weigern, aufs Töpfchen zu gehen?
- Wie gehen Sie mit Unfällen um? Werden diese im Laufe des Tages dokumentiert?
- Was sollte im Rucksack meines Kindes für den Fall eines Unfalls sein?
- Wie wird während des Mittagsschlafs verfahren? Ist es okay, wenn mein Kind in den ersten Wochen des Trainings unbeaufsichtigt geht?

Pflegekräfte zu Hause

Pflegekräfte zu Hause spielen eine wichtige Rolle im Töpfchentraining, besonders wenn Sie durch Arbeit oder andere Verpflichtungen nicht immer dabei sein können. Egal ob Ihr Kind bei einer Tagesmutter oder bei einer Betreuungsperson zu Hause ist, offene Kommunikation ist das A und O. Am besten ist es, wenn Sie schon vor dem Start des Trainings gemeinsam einen Plan erstellen. Nutzen Sie das Wissen und die Erfahrung Ihrer Betreuungsperson – das macht vieles einfacher.

Regelmäßiger Austausch ist wichtig: Informieren Sie sich täglich über die Fortschritte und Herausforderungen Ihres Kindes. Fragen Sie die Betreuungsperson, wie der Tag gelaufen ist. Wenn Sie Ihr Kind abholen, nehmen Sie sich kurz Zeit, um ihm zu zeigen, wie stolz Sie sind. Ermutigen Sie es, über seine Töpfchenerlebnisse zu sprechen, aber ohne zu viele Fragen. Einfach mal sagen: "Erzähl mir, wie es heute mit dem Töpfchen geklappt hat," und Ihrem Kind Zeit geben, sich zu öffnen.

Tipps für den Einstieg

Kinder und Töpfchentraining bei anderen Betreuungspersonen: Manchmal gehen Kinder in der Kita problemlos aufs Töpfchen, zu Hause aber nicht. Ein Grund könnte sein, dass Kitas oft einen festen Zeitplan mit regelmäßigen Töpfchenpausen haben, was den Kindern hilft, eine Routine zu entwickeln. Versuchen Sie, diese Routine auch zu Hause umzusetzen.

Konsequente Herangehensweise: Sagen Sie Ihrem Kind, dass es Zeit fürs Töpfchen ist, anstatt zu fragen, ob es gehen muss.

Das hilft dabei, die Routine einzuhalten. In der Kita wirkt auch der positive Gruppendruck, da Kinder dem Beispiel anderer folgen. Integrieren Sie das Töpfchengehen in den Alltag und beziehen Sie dabei auch andere Familienmitglieder mit ein.

Vertrauen und Sicherheit: Kinder vertrauen Ihnen und wissen, dass sie Ihre Liebe nicht verlieren können, auch wenn sie mal nicht aufs Töpfchen gehen oder Unfälle haben. Es ist wichtig, ihnen diese Sicherheit und Liebe auch zu Hause zu vermitteln und ihnen zu zeigen, dass Sie ihnen im gesamten Prozess vertrauen.

Denken Sie daran, dass jedes Kind anders ist und unterschiedlich auf das Töpfchentraining reagiert. Geduld, Verständnis und eine konsistente Herangehensweise sind der Schlüssel zum Erfolg.

Familie: Die Einbeziehung der erweiterten Familie kann beim Töpfchentraining Ihres Kindes eine große Unterstützung sein. Nicht nur lernt Ihr Kind von verschiedenen Menschen, sondern es entlastet auch Sie als Hauptbetreuungsperson.

Die Vorteile der Teamarbeit: Wenn verschiedene Betreuungspersonen beteiligt sind, wird das Töpfchentraining effektiver und weniger stressig für alle. Teilen Sie bewährte Strategien und Erfahrungen, um zu gewährleisten, dass jeder weiß, was für Ihr Kind am besten funktioniert.

Gemeinsame Planung: Stellen Sie sicher, dass alle Betreuungspersonen denselben Plan befolgen, insbesondere was Kleidungswahl, den Umgang mit Unfällen, die Häufigkeit des Töpfchengehens und den Einsatz von Belohnungen betrifft.

Es ist entscheidend, dass in allen Umgebungen Konsistenz herrscht.

Wichtige Aspekte der Kommunikation: Es ist wichtig, die Bedeutung von Spaß, positiver Einstellung und Geduld zu betonen. Alle Betreuungspersonen sollten diese Werte verinnerlichen und im Töpfchentrainingsprozess anwenden.

Zusammenfassung der wichtigsten Punkte

- Startzeitpunkt des Töpfchentrainings: Beginnen Sie das Töpfchentraining idealerweise mindestens 4 -Tage vor dem Kita-Start oder nachdem sich Ihr Kind an die neue Umgebung gewöhnt hat.
- Informationen von der Kita einholen: Fragen Sie frühzeitig nach den Richtlinien und Verfahren der Kita zum Töpfchentraining, um eine effektive Zusammenarbeit zu gewährleisten.
- Vorbereitungen für die Kita: Ziehen Sie Ihrem Kind praktische Kleidung an und packen Sie Wechselkleidung und einen wasserdichten Beutel für verschmutzte Kleidung ein. Stellen Sie auch sicher, dass Ihr Kind weiß, an wen es sich wenden kann, wenn es aufs Töpfchen muss.
- Einbindung der Großfamilie: Nutzen Sie die Unterstützung Ihrer erweiterten Familie. Es ist wichtig, dass alle Betreuungspersonen dieselben Methoden anwenden und ein gemeinsames Verständnis des Töpfchentrainings haben. Teilen Sie Ihre Erfahrungen und erarbeiten Sie einen gemeinsamen Plan.

Indem Sie diese Punkte beachten, schaffen Sie eine konsistente und unterstützende Umgebung für das

Töpfchentraining Ihres Kindes, was den Prozess für alle Beteiligten erleichtert.

KAPITEL 8

TOILETTENTRAINING AUF REISEN

Beim Toilettentraining kommt der Zeitpunkt, an dem Sie und Ihr Kind das Haus verlassen müssen. Hier sind einige Tipps, wie Sie das Toilettentraining mit Ihrem realen, manchmal turbulenten Leben vereinbaren können.

Abenteuer im Freien: Toilettentraining inklusive

Früher oder später müssen Sie mit Ihrem Kind nach draußen. Zuhause zu bleiben mag verlockend sein, aber kleine Ausflüge sind eine ideale Gelegenheit, um das Gelernte zu üben. Beginnen Sie mit kurzen Trips, damit Ihr Kind Erfolgserlebnisse hat. Mit der Zeit können Sie dann längere Ausflüge planen. Hier sind einige Punkte, die Sie beim Toilettentraining unterwegs beachten sollten.

Erst mal klein anfangen

Wie schon erwähnt, sollten Ihre ersten Ausflüge kurz sein. Ein kleiner Spaziergang, ein kurzer Besuch bei Verwandten oder ein schneller Einkauf sind perfekte Anfänge. Versuchen Sie, anfangs nicht länger als 20 bis 30 Minuten unterwegs zu sein. Lassen Sie Ihr Kind vor dem Verlassen des Hauses noch einmal auf die Toilette gehen. Vermeiden Sie in den ersten Tagen Termine, die unter Zeitdruck stehen, da dies Stress und kleine Missgeschicke begünstigen kann.

Vorbereitung ist das A und O

Die Welt kann für ein kleines Kind sehr groß und überwältigend sein, sei es im neuen Geschäft oder im Flugzeug. Um Ängste zu reduzieren, bereiten Sie Ihr Kind auf neue Umgebungen vor. Wenn Sie beispielsweise einen neuen Laden besuchen, zeigen Sie Ihrem Kind, wo die Toiletten sind, und erinnern Sie es daran, Bescheid zu sagen, wenn es muss. Wenn Sie mit der Familie in den Urlaub fahren, zeigen Sie ihm Bilder von Ihrem Reiseziel und erzählen Sie, was Sie dort unternehmen möchten. All diese Vorbereitungen helfen Ihrem Kind, sich besser auf neue Situationen einzustellen und die Wahrscheinlichkeit von kleinen Unfällen unterwegs zu reduzieren.

Beibehaltung der Töpfchen-Gewohnheiten auch unterwegs

Es ist wichtig, sich auch während des Reisens an die etablierte Töpfchen-Routine zu halten. Auch wenn Sie sich nicht in der gewohnten häuslichen Umgebung befinden, sollte die Routine für Ihr Kind gleichbleiben. Dazu gehört, dass Sie Ihr Kind zu den üblichen Zeiten zum Töpfchenbesuch animieren und alle Schritte der Routine beibehalten, wie beispielsweise das Herunterziehen der Hose, das sorgfältige Abwischen nach dem Töpfchen-Gang, das Spülen und natürlich das gründliche Händewaschen danach. Gleiches gilt für Ihr Belohnungssystem: Setzen Sie es auch unterwegs fort. Reisen bringen ohnehin viele Veränderungen mit sich, daher ist es umso wichtiger, dass Sie versuchen, bestimmte Aspekte des Alltags, wie die Töpfchenroutine, so konstant wie möglich zu halten.

Kleidung für den Töpfchen-Erfolg

Wählen Sie für Ihr Kind Kleidung, die nicht nur bequem und dehnbar, sondern auch leicht auszuziehen ist. Ideal sind hierbei Hosen oder Shorts mit einem elastischen Bund, die Ihr Kind einfach herunterziehen und nach dem Töpfchenbesuch wieder hochziehen kann. Auch Kleider oder Röcke sind eine gute Wahl, da sie ebenfalls leicht zu handhaben sind.

Zusätzliche Kleidung für unterwegs

Unabhängig von der Dauer der Reise ist es ratsam, mindestens zwei Wechselgarnituren für Ihr Kind einzupacken. Dies sollte Kleidungsstücke beinhalten, die sich leicht aus- und wieder anziehen lassen, wie Hosen, Shorts, Röcke oder Kleider, sowie Unterwäsche. Bedenken Sie, dass bei einem kleinen Missgeschick auch Socken und Schuhe betroffen sein können. Daher ist es sinnvoll, auch hier Ersatz dabei zu haben. Zusätzlich sollten Sie einen wasserdichten Beutel für verschmutzte Kleidung einpacken. Für Autositze und Kinderwagen empfiehlt es sich, wasserdichte Bezüge bereitzuhalten, falls es zu einem Unfall kommt.

Was Sie für Ausflüge mitnehmen sollten

- Zwei zusätzliche Sets an Hosen oder Shorts (oder Röcke oder Kleider) und Unterwäsche
- Ein zusätzliches Paar Socken und Schuhe
- Eine wasserdichte Tasche für verschmutzte Kleidung
- Wasserdichte Bezüge für den Autositz und Kinderwagen
- Handdesinfektionsmittel
- Toilettenpapier
- Ein Reisetöpfchen oder einen Toilettensitzeinsatz
- Handtücher zum Reinigen

Diese zusätzlichen Vorbereitungen helfen dabei, die Reise für Sie und Ihr Kind stressfreier und angenehmer zu gestalten, indem sie die Töpfchenroutine auch unterwegs unterstützen.

Bereithalten des Reisetöpfchens für den schnellen Einsatz

Während des Reisens kann es durchaus vorkommen, dass ein Toilettenbesuch nicht immer möglich ist. Dies gilt besonders, wenn Ihr Kind sich noch nicht ganz an öffentliche Toiletten gewöhnt hat oder Sie Orte wie Parks und Wanderwege besuchen, wo Toilettenanlagen fehlen. Für solche Situationen ist es ratsam, ein Reisetöpfchen im Auto mitzuführen. Dieses ist kompakter als ein herkömmlicher Töpfchenstuhl und lässt sich durch die Verwendung von Plastiktüten, die nach Gebrauch entsorgt werden können, leicht reinigen. Um Ihr Kind an das Reisetöpfchen zu gewöhnen, ermutigen Sie es, es bereits zu

Hause zu verwenden. Führen Sie spielerische Übungen durch, indem Sie Szenarien wie einen Parkbesuch simulieren und Ihr Kind darauf hinweisen, wie es Ihnen Bescheid geben und das Töpfchen benutzen kann.

Geduldige Reaktion auf Missgeschicke

Wenn es in der Öffentlichkeit zu einem kleinen Unfall kommt, ist es wichtig, geduldig und unterstützend zu reagieren, genau wie Sie es zu Hause tun würden. Helfen Sie Ihrem Kind, sich umzuziehen und bei der Beseitigung der Unordnung zu helfen. Nutzen Sie dabei die gleichen beruhigenden und verständnisvollen Worte wie zu Hause, um Ihrem Kind zu vermitteln, dass Missgeschicke passieren können und es wichtig ist, daraus zu lernen.

Öffentliche Toiletten nicht meiden

Es kann entmutigend sein, aber es ist wichtig, dass Ihr Kind frühzeitig lernt, öffentliche Toiletten zu benutzen. Begleiten Sie Ihr Kind in die Toilettenkabine und nutzen Sie, wenn möglich, die größeren Kabinen oder die speziell für Familien vorgesehenen Räume. Ein Toilettensitzeinsatz kann zusätzlichen Komfort bieten. Versuchen Sie, den Toilettenbesuch angenehm zu gestalten, beispielsweise durch Singen, Handhalten oder kleine Belohnungen für erfolgreiches Benutzen der Toilette. Bereiten Sie Ihr Kind auch auf die automatische Spülung vor und erklären Sie ihm, dass ein lautes Geräusch zu erwarten ist. Um die Kontrolle über die Spülung zu behalten, können Sie etwas über den Sensor legen, wie zum Beispiel einen Klebezettel. Nutzen Sie öffentliche Toiletten sowohl bei Ankunft als auch beim Verlassen eines Geschäfts, um Ihrem Kind die Gewöhnung zu erleichtern und die Wahrscheinlichkeit von Unfällen zu verringern.

Besuche bei Freunden und Familie

Besuche bei Freunden oder Verwandten bieten oft mehr Flexibilität und Komfort. Hier können Sie beispielsweise den bevorzugten Töpfchenstuhl Ihres Kindes sowie dessen Lieblingsbücher und Spielzeug mitbringen. Informieren Sie Ihre Gastgeber im Voraus über die Töpfchenroutine Ihres Kindes und wie Sie mit möglichen Unfällen umgehen. So kann sich der Gastgeber auf Ihren Besuch vorbereiten und möglicherweise eine unterstützende und positive Atmosphäre für Ihr Kind schaffen.

Strategien und Methoden für einen erfolgreichen Töpfchenstart unterwegs

Erinnerungen für Ihr Kind auf Reisen

Wenn Sie mit Ihrem Kind unterwegs sind, kann es leicht abgelenkt werden und daher das Bedürfnis, das Töpfchen zu nutzen, übersehen. Dies ist besonders der Fall, wenn es in Spielen vertieft ist oder von der Umgebung fasziniert wird. Um solche Unfälle zu verhindern, können Sie einen 30-Minuten-Timer einstellen. Dieser dient als Erinnerung für Sie, Ihr Kind daran zu erinnern, das Töpfchen zu benutzen. Auf diese Weise minimieren Sie die Risiken von Unfällen, die durch Ablenkung oder Vergesslichkeit entstehen.

Umgang mit Zögern

Kinder zögern oft, das Töpfchen zu benutzen, weil sie befürchten, etwas Spannendes zu verpassen. Zeigen Sie Verständnis für diese Befürchtung und beruhigen Sie Ihr Kind mit einfühlsamen Worten. Beispielsweise: "Ich sehe, wie viel Spaß du im Sandkasten hast. Aber jetzt ist es Zeit für das Töpfchen. Keine Sorge, der Sandkasten wartet auf dich, wenn du zurückkommst." Wenn Ihr Kind widerstrebend ist, bieten Sie ihm eine Wahlmöglichkeit an: "Möchtest du jetzt oder in fünf Minuten aufs Töpfchen gehen?" Sobald die Zeit gekommen ist, gehen Sie gemeinsam zum Töpfchen. Loben Sie Ihr Kind für seine Kooperation und erinnern Sie es nach der Rückkehr daran, dass seine Spielsachen noch da sind. Dies kann dazu beitragen, den Widerstand bei zukünftigen Töpfchengängen zu verringern.

Reisen während der Töpfchentrainingsphase

Lange Reisen können während der Anfangsphase des Töpfchentrainings eine Herausforderung darstellen. Idealerweise sollte Ihr Kind mindestens einen Monat lang zuverlässig das Töpfchen zu Hause benutzt haben, bevor es auf Reisen geht. Sollte dies nicht möglich sein, ist es dennoch machbar, mit zusätzlicher Vorbereitung und Geduld zu reisen.

Ferienplanung mit einem Töpfchentraining-Kind

Beim Planen Ihres Familienurlaubs sollten Sie einen Ort wählen, an dem Sie Zugang zu Waschmöglichkeiten haben, da dies während des Töpfchentrainings sehr nützlich sein kann. Wenn das nicht möglich ist, sollten Sie in Erwägung ziehen, Kleidung auf traditionelle Weise zu waschen. Bei der Auswahl Ihres Reiseziels sollten Sie praktische Überlegungen anstellen: Vermeiden Sie Orte mit langen Warteschlangen und wählen Sie stattdessen Orte, an denen Toiletten leicht zugänglich sind. Nationalparks und Strände können während der Töpfchentrainingsphase ideale Reiseziele sein. Auch Themenparks wie Disney, die über spezielle Baby-Care-Center mit kindgerechten Toiletten und Waschbecken verfügen, können eine gute Wahl sein.

Flugreisen mit Kindern

Die Planung einer Fernreise mit Ihrem Kind erfordert einige Überlegungen, insbesondere im Hinblick auf die Benutzung öffentlicher Toiletten. Es ist von grundlegender Bedeutung, dass Ihr Kind vor der Reise an diese Art von Toiletten gewöhnt wird, da es sie während der gesamten Reise nutzen muss – sei es am Flughafen, im Flugzeug, in Hotels oder in Restaurants. Sollten Sie sich entscheiden, kein spezielles Reisetöpfchen mitzunehmen, ist es umso wichtiger, dass Ihr Kind im Umgang mit öffentlichen Toiletten sicher und vertraut wird.

Bei der Flugbuchung ist es ratsam, einen Sitzplatz am Gang zu wählen. Dies erleichtert Ihrem Kind den Zugang zur Toilette und vermeidet mögliche Unannehmlichkeiten beim Vorbeigehen an anderen Passagieren. Sobald Sie am Flughafen ankommen, ermutigen Sie Ihr Kind dazu, die Toilette aufzusuchen, selbst wenn es behauptet, dies nicht zu müssen. Lange Wartezeiten bei Sicherheitskontrollen und entfernte Gates können unvorhersehbare Dringlichkeit erzeugen, weshalb es besser ist, vorbeugend zu handeln.

Es ist durchaus akzeptabel, Ihr Kind während langer Flüge in eine Windel zu stecken. Auf Reisen gibt es immer wieder Phasen, in denen der Gang zur Toilette nicht möglich ist, beispielsweise während des Starts, bei Turbulenzen oder auf dem Weg zum Flugsteig. Es ist wichtig, Ihrem Kind den Grund für das Tragen der Windel zu erklären. Falls Sie Bedenken wegen eines möglichen Rückschritts in der Sauberkeitserziehung haben, können Sie normale Unterwäsche unter die Windel ziehen. Dadurch kann Ihr Kind Feuchtigkeit wahrnehmen und wird motiviert, die Unterwäsche trocken zu halten. Ermutigen Sie Ihr Kind, Ihnen Bescheid zu geben, wenn es auf die Toilette muss, und loben Sie es für seine Bemühungen. Sobald das Anschnallzeichen ausgeschaltet ist, bringen Sie Ihr Kind zur Toilette und bereiten Sie es auf die laute Spülung vor, die in Flugzeugtoiletten üblich ist. Um Ängste zu vermeiden, können Sie Ihr Kind außerhalb der Toilette warten lassen, während Sie spülen. Es ist sinnvoll, während des Fluges regelmäßig Pausen einzulegen, um die Toilette aufzusuchen, ähnlich wie Sie es auch zu Hause oder an anderen Orten handhaben würden. Vergessen Sie nicht, die Windel zu entfernen, sobald Sie das Flugzeug verlassen oder Ihr Ziel erreicht haben, besonders wenn Sie längere Reisezeiten erwarten.

Autoreisen mit Kindern

Bei der Planung einer Autoreise mit Ihrem Kind sollten Sie besonders auf die Einplanung von Rastplätzen und anderen geeigneten Orten für Toilettenpausen achten. Obwohl es nicht immer machbar ist, ist es eine gute Idee, etwa eine Stunde vor Abfahrt keine Getränke mehr zu sich zu nehmen, um die Wahrscheinlichkeit von Unfällen im Auto zu verringern. Des

Weiteren ist es ratsam, häufige und regelmäßige Pausen zu planen, idealerweise ungefähr alle Stunde. Dies gibt Ihrem Kind genügend Gelegenheiten, die Toilette aufzusuchen. Ähnlich wie bei Flugreisen, kann es auch bei längeren Autofahrten sinnvoll sein, Ihr Kind in eine Trainingswindel zu setzen.

Das Management des Töpfchentrainings während einer Autoreise kann durchaus herausfordernd sein, aber mit angemessener Vorbereitung und einer zusätzlichen Portion Geduld ist es durchaus bewältigbar. Es ist wichtig, sich darauf einzustellen, dass es nach dem Familienurlaub möglicherweise zu Rückschritten beim Töpfchentraining kommen kann, insbesondere wenn während der Reise die Routine etwas gelockert wurde. In einem solchen Fall ist es wichtig, unmittelbar nach Ihrer Rückkehr wieder zur gewohnten Töpfchenroutine und dem Belohnungssystem zurückzukehren. Es könnte auch hilfreich sein, wieder zu grundlegenden Hilfsmitteln wie Töpfchenbüchern und spielerischen Ansätzen zurückzukehren. Normalerweise sollte sich die Situation innerhalb einiger Tage wieder stabilisieren.

Mit diesen Strategien können Sie und Ihr Kind eine angenehme und stressfreie Autoreise erleben, bei der das Töpfchentraining trotz der ungewohnten Umgebung weitergeführt und unterstützt wird.

Tipps und Tricks für das Töpfchentraining Unterwegs

Hier ist eine umfassende Liste von Dingen, die Sie für unterwegs mitnehmen sollten, um das Töpfchentraining auch während der Reise erfolgreich fortzusetzen:

- Mindestens zwei Sätze Wechselkleidung, bestehend aus Hosen oder Shorts (bzw. Röcke oder Kleider) sowie Wechselunterwäsche.
- Zusätzliche Socken und ein Paar Ersatzschuhe.
- Ein Klebezettel, um die automatische Spülung bei öffentlichen Toiletten zu überdecken.
- Ein wasserdichter Beutel für verschmutzte Kleidung.
- Ein tragbares Reisetöpfchen.
- Ein Toiletteneinsatz speziell für die Verwendung auf öffentlichen Toiletten.
- Feuchttücher für eine schnelle und einfache Reinigung.
- Ein separater Beutel für schmutzige Tücher.
- Handdesinfektionsmittel zur Hygiene.
- Zusätzliche Windeln (insbesondere für die Nacht und Schlafenszeit).
- Unverzichtbares Spielzeug, das Ihr Kind mit dem Töpfchen verbindet.
- Wasserdichte Bezüge für den Autositz und Kinderwagen.

- Waschmittel für längere Urlaube.
- Matratzenbezüge, nützlich bei der nächtlichen Töpfchentrainingsphase.
- Kleine Belohnungen, um die Motivation Ihres Kindes aufrechtzuerhalten.
- Ein kleines Handtuch zum Aufwischen eventueller Verschmutzungen.

Zusammenfassung und Ausblick

- Lassen Sie uns die Schlüsselpunkte dieses Kapitels Revue passieren:
- Reisen während der frühen Phase des Töpfchentrainings mag herausfordernd wirken, ist aber durchführbar.
- Idealerweise hat Ihr Kind das Töpfchentraining zu Hause abgeschlossen, bevor es auf einen längeren Familienurlaub geht.
- Seien Sie auf Reisen auf Unfälle vorbereitet, indem Sie Wechselkleidung, ein Reisetöpfchen, einen Toiletteneinsatz, Tücher, Belohnungen (falls zutreffend) und andere Töpfchen-Notwendigkeiten mitnehmen.
- Bereiten Sie Ihr Kind auf die bevorstehende Reise vor und erklären Sie, was es erwarten kann.
- Versuchen Sie, auch unterwegs so weit wie möglich an Ihrer gewohnten Töpfchen-Routine festzuhalten. Das beinhaltet das Beibehalten der üblichen Töpfchenfrequenz und das Fortführen von Belohnungen.
- Geben Sie Ihrem Kind vor dem Urlaub ausreichend Übung im Umgang mit öffentlichen Toiletten.

- Informieren Sie Familie und Freunde über Ihr Töpfchentraining und bitten Sie um Unterstützung, um eine positive Atmosphäre zu schaffen.
- Setzen Sie regelmäßige Erinnerungen, beispielsweise alle 30 Minuten, um sich daran zu erinnern, Ihr Kind aufs Töpfchen zu schicken. Wählen Sie dabei die Aufforderungsformulierungen sorgfältig.
- Zögern Sie nicht, Ihr Kind auf Flugreisen oder bei langen Autofahrten in eine Windel zu setzen. Wenn Sie einen Rückschritt im Töpfchentraining befürchten, legen Sie Unterwäsche unter die Windel, damit Ihr Kind Feuchtigkeit spürt. Achten Sie darauf, die Windel zu entfernen und so bald wie möglich zur normalen Töpfchenroutine zurückzukehren.

Mit diesen Tipps und einer gut durchdachten Vorbereitung können Sie und Ihr Kind das Töpfchentraining auch während des Reisens erfolgreich und stressfrei fortführen.

KAPITEL 9

FEHLERBEHEBUNG BEIM TÖPFCHENTRAINING

Selbst gut durchdachte Pläne können gelegentlich fehlschlagen, und das ist beim Töpfchentraining nicht ungewöhnlich. Es ist wichtig zu wissen, dass Rückschläge ein normaler Teil des Lernprozesses sind. Mehr als 80 Prozent der Kinder erleben während des Töpfchentrainings Rückschläge, unabhängig davon, ob es sich um das erste Kind handelt oder nicht. Solche Rückschläge sind also zu erwarten und sollten als natürlicher Teil des Töpfchentrainings angesehen werden. Hier sind einige gängige Rückschläge und Strategien, die dabei helfen können, diese zu bewältigen.

Diarrhöe und Verstopfung

Probleme mit dem Stuhlgang, wie Diarrhöe (Durchfall) und Verstopfung, können die Fortschritte beim Töpfchentraining deutlich verlangsamen. Es ist wichtig, diese Probleme zu lösen, bevor man mit dem Töpfchentraining fortfährt.

Diarrhöe (Durchfall)

Wenn Ihr Kind krank ist und unter Durchfall leidet, ist es ratsam, das Töpfchentraining vorübergehend zu unterbrechen und erst dann wieder aufzunehmen, wenn es Ihrem Kind besser geht. Ein krankes Kind hat es wesentlich schwerer, neue Dinge zu lernen, und kann die Situation nicht kontrollieren.

Bei Durchfall ist es wichtig, dass Ihr Kind viel Flüssigkeit zu sich nimmt, vorzugsweise Wasser, um eine Dehydrierung zu vermeiden. Bieten Sie ihm leicht verdauliche, stärkehaltige Lebensmittel an, wie Getreide, Körner, Reis, Nudeln, Cracker und Kartoffelpüree. Diese Nahrungsmittel sind schonend für den Verdauungstrakt. Ebenfalls leicht verdaulich und eine gute Proteinquelle sind weich gekochte Eier und Joghurt. Saltine-Cracker und Brezeln können helfen, den Natriumbedarf zu decken. Bei leichtem Durchfall ist es ratsam, Fruchtsäfte und kohlensäurehaltige Getränke zu meiden und den Konsum von Bohnen und anderen Lebensmitteln, die lockeren Stuhl verursachen, einzuschränken. Nehmen Sie das Töpfchentraining erst dann wieder auf, wenn der Durchfall vollständig abgeklungen ist und Ihr Kind wieder vollständig gesund ist.

Verstopfung beim Töpfchentraining

Verstopfung kann ein subtiler, jedoch bedeutender Faktor sein, der das Töpfchentraining beeinträchtigt. Es geht hierbei weniger um die Häufigkeit des Stuhlgangs Ihres Kindes, sondern vielmehr um die Beschaffenheit des Stuhls. Ein gesunder Stuhl sollte die Konsistenz von Zahnpasta oder Hummus aufweisen; alles, was davon abweicht, kann als Form der Verstopfung angesehen werden. Anzeichen einer Verstopfung bei Ihrem Kind sind seltener Stuhlgang (weniger als dreimal pro Woche) und harter, kieselig wirkender Stuhl, der schwer abzusetzen ist. Verstopfung kann schmerzhaft sein und dazu führen, dass Ihr Kind das Töpfchen meiden möchte.

Verstopfung bedeutet, dass der Stuhl im Dickdarm steckenbleibt und den Darm dehnt. Der Dickdarm entzieht dem Stuhl Wasser, um Durchfall zu vermeiden. Je länger der Stuhl im Dickdarm verbleibt, desto mehr Wasser wird ihm entzogen, was ihn härter macht. Wenn Stuhl im Dickdarm sich ansammelt, kann dies die Nervensignale zwischen Bauch und Gehirn stören, wodurch es Ihrem Kind schwerfallen kann, zu erkennen, wann es urinieren oder Stuhlgang haben muss, was wiederum zu häufigeren Unfällen führen kann.

In schweren Fällen kann es zu einem Kotstau kommen, der einen Darmverschluss verursacht. Wenn Sie bei Ihrem Kind lose, wässrige Schlieren in der Windel oder Unterwäsche bemerken, ist dies ein Zeichen für eine ernsthafte Verstopfung, und eine Untersuchung durch einen Kinderarzt ist erforderlich. Bei weniger schweren Fällen kann Verstopfung durch Hausmittel wie Bewegung, warme Bäder und Ernährungsumstellungen behandelt werden.

Empfehlenswert ist es, Ihrem Kind getrocknete oder frische Früchte wie Mango, Ananas, Papaya, Beeren, Birnen, Pfirsiche, Pflaumen und Äpfel anzubieten. Auch zwei bis vier Unzen Birnen- oder Pflaumensaft pro Tag können hilfreich sein. Ballaststoffreiche Lebensmittel wie Gemüse (z.B. Brokkoli oder Erbsen), Bohnen sowie Vollkorngetreide und -brot sollten ebenfalls in die Ernährung integriert werden. Achten Sie darauf, dass Ihr Kind ausreichend Flüssigkeit zu sich nimmt und sich regelmäßig bewegt. Beschränken Sie den Konsum von Bananen und eisenreichen Lebensmitteln wie Reis und Cheerios, da diese Verstopfung fördern können. Auch verarbeitete Getreideprodukte wie Weißbrot, weißer Reis und weiße Nudeln sowie Milchprodukte sind bekannt dafür, Verstopfung zu verursachen. Setzen Sie das Töpfchentraining fort, sobald der Stuhl Ihres Kindes eine weichere, breiige Konsistenz – ähnlich Zahnpasta – erreicht hat.

Häufige Anzeichen für Verstopfung bei Kindern

Verstopfung bei Kindern kann sich durch verschiedene Symptome bemerkbar machen. Einige der häufigsten Anzeichen sind:

- Kot mit der Konsistenz von Kieselsteinen: Dies bedeutet, dass der Stuhl hart, trocken und klumpig ist.
- Schmerzhafter und schwieriger Stuhlgang: Ihr Kind zeigt möglicherweise Anzeichen von Unbehagen, wie Weinen oder Schreien während des Stuhlgangs.
- Vermeidung oder Widerstand gegen das Aufsuchen des Töpfchens: Dies kann sich in Verhaltensweisen wie dem Zusammenkneifen des Hinterns, Rötungen, Weglaufen, Überschlagen der Beine oder Weinen und Schreien äußern.
- Weniger als drei Stuhlgänge pro Woche.
- Bauchschmerzen, über die sich Ihr Kind beschwert.
- Abdominale Schwellung.
- Rektale Blutung.
- Häufiges Wasserlassen und/oder Unfälle.
- Flüssiger oder verschmierter Stuhl in der Unterwäsche.

Umgang mit Wutausbrüchen bei Kindern

Wutausbrüche sind in der frühen Kindheit keine Seltenheit. Sie treten häufig auf, da Kinder in diesem Alter nur über einen begrenzten Wortschatz verfügen, um ihre Emotionen auszudrücken, und weil sie danach streben, ihre Unabhängigkeit zu behaupten. Das Töpfchentraining kann für

Kinder eine große Umstellung sein und ist oft mit Stress verbunden, was zu Wutausbrüchen führen kann.

Es ist hilfreich, Wutausbrüche nicht als Trotz zu betrachten, sondern vielmehr als eine Art und Weise, wie Ihr Kind versucht, mit Ihnen zu kommunizieren. Wenn Ihr Kind einen Wutanfall hat, versuchen Sie, die dahinterstehenden Gefühle und unerfüllten Bedürfnisse zu verstehen. Fragen Sie sich, ob Ihr Kind vielleicht hungrig, müde, einsam, überreizt ist, oder ob es Stress aufgrund des Töpfchentrainings empfindet. Möglicherweise signalisiert es auch, dass es sich in seiner Unabhängigkeit bedroht fühlt.

Versuchen Sie, die Gedanken und Gefühle hinter dem Verhalten Ihres Kindes zu entschlüsseln. Es ist wichtig zu verstehen, dass Sie nicht immer genau wissen werden, was den Wutanfall ausgelöst hat – und das ist in Ordnung. Das Wesentliche ist zu erkennen, dass Ihr Kind ein unerfülltes Bedürfnis oder einen Wunsch signalisiert. Betrachten Sie Wutanfälle als eine wichtige Form der Kommunikation Ihres Kindes mit Ihnen.

Emotionale Verbindung während Wutausbrüchen

Um effektiv auf Wutausbrüche Ihres Kindes zu reagieren, ist es entscheidend, eine emotionale Verbindung aufzubauen. Dies hilft dabei, schneller zur Normalität zurückzukehren. Folgende Schritte können dabei unterstützen:

Auf Augenhöhe gehen: Begeben Sie sich auf die körperliche Ebene Ihres Kindes, um eine vertraute und beruhigende Atmosphäre zu schaffen.

Augenkontakt herstellen: Dies signalisiert Aufmerksamkeit und Verständnis.

Körperliche Berührung anbieten: Eine sanfte Berührung kann beruhigend wirken, aber respektieren Sie die Grenzen Ihres Kindes, falls es Berührungen ablehnt.

Gefühle anerkennen: Bestätigen Sie die Gefühle Ihres Kindes, auch wenn Sie den genauen Grund für den Wutanfall nicht verstehen. Ihre Anerkennung zeigt Ihrem Kind, dass Sie seine Emotionen ernst nehmen.

Vermeiden Sie Fragen oder Kommentare: Während eines Wutanfalls ist Ihr Kind möglicherweise nicht in der Lage, logisch zu denken oder zu antworten. Dies ist nicht der Moment für rationale Gespräche.

Reflexion und Pause

Es ist auch wichtig, die Gesamtsituation zu reflektieren:

Beobachten Sie Auslöser und Bedürfnisse: Nutzen Sie die Situation, um mögliche Auslöser und zugrunde liegende Bedürfnisse zu identifizieren. Dies kann auch eine Gelegenheit sein, Ihre Methoden beim Töpfchentraining zu überprüfen.

Überdenken Sie Ihre Vorgehensweise: Haben Sie möglicherweise zu strenge Maßnahmen wie Drohungen oder Schreien angewandt? Gibt es andere Veränderungen im Leben Ihres Kindes, die Stress verursachen könnten? War Ihr Trainingsansatz konsistent? Überlegen Sie, ob Anpassungen in Ihrer Lehrmethode erforderlich sind, um das Wohlbefinden Ihres Kindes zu verbessern.

Eine Pause einlegen

Wenn Ihr Kind regelmäßig Wutausbrüche hat, erwägen Sie eine kurze Pause vom Töpfchentraining:

Nehmen Sie sich Zeit: Setzen Sie das Training später am Tag oder am nächsten Tag fort. Nutzen Sie die Pause, um sich auf die Beziehung zu Ihrem Kind zu konzentrieren.

Stress abbauen: Engagieren Sie sich in Aktivitäten, die Ihr Kind genießt, um Stress abzubauen. Dies kann das Spielen von Lieblingsspielen oder andere entspannende Aktivitäten umfassen.

Töpfchentraining spielerisch gestalten: Lesen Sie Bücher über das Töpfchentraining und schauen Sie entsprechende Videos an. Nutzen Sie die Zeit auch, um Töpfchentrainingsszenen durchzuspielen und Ängste vor dem Töpfchen zu thematisieren.

Indem Sie diese Ansätze verfolgen, können Sie eine unterstützende Umgebung schaffen, die Ihrem Kind hilft, durch Wutausbrüche zu navigieren und gleichzeitig das Töpfchentraining auf eine positive und effektive Weise fortzusetzen.

Einfühlungsvermögen

Einfühlungsvermögen ist ein Schlüsselkonzept, besonders wenn es um die Herausforderung des Töpfchentrainings geht. Stellen Sie sich vor, dass Ihr Kind sowohl physisch als auch psychisch bereit erscheint und dass Ihr Ansatz konsistent, vorhersehbar und positiv gestaltet ist. Trotz dieser sorgfältig vorbereiteten Umgebung kann es vorkommen, dass Ihr Kind während des Töpfchentrainings Wutanfälle erlebt. In solchen Momenten ist es von entscheidender Bedeutung, Ruhe zu bewahren und das Thema Töpfchentraining so neutral und entspannt wie möglich anzugehen. Nehmen Sie sich die Zeit, auf die Kommentare und Äußerungen Ihres Kindes einzugehen, zeigen Sie Verständnis für seine Bedenken und versuchen Sie, sich in seine Lage zu versetzen. Es ist hilfreich, Ihrem Kind zu vermitteln, dass Sie nachvollziehen können, wie herausfordernd der Gang zum Töpfchen sein kann, und dass Sie es in jedem Schritt dieses Prozesses unterstützen werden. Ein offener Dialog über die Sorgen und Selbstzweifel des Kindes kann eine wertvolle Hilfe sein, um ihm bei der Verarbeitung seiner Gefühle zu assistieren.

Wenn Ihr Kind während des Sitzens auf dem Töpfchen einen Wutanfall bekommt, könnten Sie beispielsweise sagen: "Ich sehe, dass du gerade verärgert bist. Es ist wirklich großartig, dass du auf dem Töpfchen sitzt und es versuchst." Sollte Ihr Kind auf dem Töpfchen sitzen, aber keinen Erfolg haben, bedanken Sie sich für den Versuch und versichern Sie ihm, dass Sie es später erneut probieren können.

In einigen Fällen können Wutausbrüche darauf hindeuten, dass ein Machtkampf beginnt. Wichtig ist, sich stets vor Augen zu führen, dass Kämpfe mit Ihrem Kind über seinen Körper zu den Kämpfen zählen, die Sie nicht gewinnen können. Ihr Kind muss von sich aus das Bedürfnis verspüren, das Töpfchen zu benutzen, damit das Training erfolgreich sein kann. Fühlen sich Kinder unter Druck gesetzt oder gezwungen, können sie beginnen, sich zu wehren, um die Kontrolle über ihren Körper zu behalten.

Sollte Ihr Kind sich strikt weigern, das Töpfchen zu benutzen, und dabei häufig Wutanfälle erleben, könnte es an der Zeit sein, eine Pause einzulegen. Diese Pause bietet Ihnen die Möglichkeit, sowohl die Entwicklungsbereitschaft Ihres Kindes als auch Ihren gesamten Ansatz zu überdenken. Überprüfen Sie, welche Aspekte Ihres Trainingsansatzes funktionieren und welche nicht, planen Sie entsprechende Anpassungen und versuchen Sie es später erneut. Bedenken Sie, dass Ihr Kind zwar physisch bereit sein mag, das Töpfchen zu benutzen, aber psychologisch noch nicht so weit sein könnte. Enthusiasmus, Motivation und Neugier sind entscheidende Faktoren.

Allgemein gilt, dass solche Pausen als letztes Mittel zu betrachten sind. Es ist ratsam, nicht mehr als einen Tag Pause zu machen. Der Grund dafür ist, dass Pausen Sie zurückwerfen können, da Sie und Ihr Kind eine neue Routine für das Töpfchentraining etablieren müssen. Häufiges Starten und Stoppen kann das Kind verwirren und zu noch mehr Widerstand führen. Zudem ist es wichtig, nicht den Eindruck zu erwecken, dass Wutanfälle dazu führen, dass das Kind bekommt, was es möchte, wie etwa eine Pause vom Töpfchentraining.

Sollte sich Ihr Kind in den ersten Wochen des Trainings weiterhin sträuben oder kein Interesse am Töpfchen zeigen, könnte dies ein Zeichen dafür sein, dass es entwicklungsbedingt noch nicht bereit für das Töpfchentraining ist. In diesem Fall wäre es ratsam, eine Pause einzulegen und das Training zu einem späteren Zeitpunkt wieder aufzunehmen.

Folgende Anzeichen können darauf hindeuten, dass es vielleicht an der Zeit ist, mit dem Töpfchentraining zu warten, wenn Ihr Kind sie über mehrere Wochen hinweg zeigt:

- Ihr Kind hat über mehrere Tage hinweg mehrere Unfälle hintereinander und zeigt kein Interesse daran, das Töpfchen zu benutzen.
- Ihr Kind beginnt, sich bei Unfällen zu verstecken.
- Ihr Kind weigert sich wiederholt, auf der Toilette zu sitzen.

Hilfe erhalten

Die Inanspruchnahme professioneller Hilfe ist ein wichtiger Schritt, den Sie keinesfalls scheuen sollten, insbesondere wenn Sie immer wieder in Machtkämpfe mit Ihrem Kind verwickelt sind. Das Verhalten Ihres Kindes kann in manchen Fällen ein Anzeichen für tiefere, zugrundeliegende Probleme sein. Dazu zählen möglicherweise Beziehungsprobleme zwischen Ihnen und Ihrem Kind, psychische Störungen wie

Aufmerksamkeitsdefizit-/Hyperaktivitätsstörung (ADHS), Angstzustände oder Depressionen, oder auch Entwicklungsstörungen. Solche Probleme können oft nicht ohne fachkundige Unterstützung vollständig erfasst und angegangen werden.

Ein qualifizierter Psychologe oder Familientherapeut kann Ihnen und Ihrem Kind in dieser Situation zur Seite stehen. Diese Experten sind darauf spezialisiert, die Dynamiken innerhalb der Familie zu verstehen und können Ihnen neue Perspektiven und Einsichten bieten, die Ihnen vielleicht bisher nicht zugänglich waren. Sie können Ihnen helfen, die Ursachen für die Probleme zu identifizieren und effektive Strategien zu entwickeln, um sowohl mit dem Verhalten Ihres Kindes als auch mit den damit verbundenen Herausforderungen umzugehen.

Die professionelle Unterstützung kann auch dazu beitragen, die Beziehung zwischen Ihnen und Ihrem Kind zu stärken und Ihnen Wege aufzeigen, wie Sie zukünftig ähnliche Situationen besser bewältigen können. Es ist wichtig, zu erkennen, dass das Suchen professioneller Hilfe kein Zeichen von Schwäche ist, sondern ein mutiger Schritt, um das Wohlbefinden und die Entwicklung Ihres Kindes zu fördern. Denken Sie daran, dass die psychische Gesundheit und das emotionale Wohlbefinden Ihres Kindes genauso wichtig sind wie seine körperliche Gesundheit. Indem Sie proaktiv handeln und Unterstützung suchen, zeigen Sie Ihr Engagement für das Wohlergehen Ihres Kindes und das Ihrer gesamten Familie.

Regressive Verhaltensweisen

Das Töpfchentraining mag eine Weile erfolgreich gewesen sein, aber es ist nicht ungewöhnlich, dass Kinder regressive Verhaltensweisen zeigen. Zum Beispiel könnten sie darum bitten, wieder Windeln zu tragen, oder darauf bestehen, dass sie noch Babys sind. Dieses Verhalten ist besonders bei Kleinkindern verbreitet, insbesondere bei denen, die jüngere Geschwister haben und möglicherweise in deren Augen ebenfalls als "Baby" wahrgenommen werden wollen. Um die Ängste Ihres Kindes in dieser Phase zu lindern, versichern Sie ihm, dass es immer Ihr Baby bleiben wird, unabhängig davon, wie alt es wird. Diese Versicherung kann Ihrem Kind helfen, sich geliebt und sicher zu fühlen, unabhängig von seinem Entwicklungsstand.

Achten Sie außerdem darauf, wie Sie Ihr Kind loben. Übertriebenes Lob kann Ihrem Kind das Gefühl geben, unter Druck zu stehen, stets gute Leistungen erbringen zu müssen und keine Fehler zu machen. Es ist wichtig, dass Ihr Kind nicht den Eindruck bekommt, Sie zu enttäuschen, wenn es einen Unfall hat. Loben Sie Ihr Kind stattdessen auf eine einfache und ehrliche Weise, beispielsweise mit Worten wie „Ich bin so stolz auf dich", einer Umarmung oder einem „High Five". Die Überzeugung und der Glaube, dass das Töpfchentraining erfolgreich sein wird, sind die größte Unterstützung, die wir unseren Kindern in dieser Phase bieten können. Bleiben Sie entspannt und unterstützend, auch wenn Ihr Kind regressive Verhaltensweisen zeigt. Es kann beruhigend sein zu wissen, dass die meisten Rückschritte in der Regel innerhalb von zwei Wochen abklingen.

Hier einige zusätzliche Strategien, die hilfreich sein können, wenn Ihr Kind regressive Verhaltensweisen zeigt:

Beständige Routine beibehalten: Integrieren Sie stets einen regelmäßigen Töpfchenplan in den Tagesablauf Ihres Kindes. Fordern Sie es auf, vor und nach Übergängen aufs Töpfchen zu gehen, und setzen Sie es kurz nach dem Aufwachen und nach jeder Mahlzeit aufs Töpfchen. Kinder profitieren von Routinen und fühlen sich sicherer und zufriedener, wenn sie wissen, was sie von ihrer Umgebung erwarten können.

Zurück zu den Grundlagen: Wenn es wiederholt zu Unfällen kommt, kehren Sie zu den Methoden zurück, mit denen Sie das Training begonnen haben. Dies kann das Lesen von Töpfchenbüchern, das Üben von Nacktsein und das Anbieten von Belohnungen für erfolgreiche Töpfchenbesuche einschließen.

Positiv bleiben: Zeigen Sie keine Enttäuschung oder Missbilligung, wenn Ihr Kind einen Unfall hat. Frustration Ihrerseits kann die Ängste Ihres Kindes verstärken und zu weiteren Schwierigkeiten beim Töpfchentraining führen. Versuchen Sie, positiv, unvoreingenommen und sachlich zu reagieren. Sie könnten sagen: „Ups, das war ein Unfall. Lass uns aufs Töpfchen gehen." Beziehen Sie Ihr Kind in die Reinigung ein und loben Sie es für seine Mithilfe.

Zusätzliche Liebe und Fürsorge anbieten: Regressionen sind nicht nur für Sie, sondern auch für Ihr Kind stressig. Es ist wichtig, dass es weiß, dass es nichts tun kann, um Ihre Liebe zu verlieren. Bieten Sie also viel Aufmerksamkeit und Zeit für sich selbst an, insbesondere wenn es ein neues Baby in der Familie gibt oder andere Veränderungen stattfinden. Nehmen

Sie sich Zeit, um sich auf das Niveau Ihres Kindes zu begeben und mit ihm zu spielen, auch wenn es nur für 10 Minuten ist. Regelmäßige persönliche Zuwendung im Laufe des Tages kann dazu beitragen, Unfälle zu vermeiden.

Rückfälle

Es ist durchaus normal, dass Kinder, die scheinbar das Töpfchentraining erfolgreich gemeistert haben, gelegentlich wieder Unfälle erleben. Es ist entscheidend zu unterscheiden, ob es sich um einen tatsächlichen Rückschritt handelt oder ob die Unfälle lediglich Teil der normalen Anfangsphase des Töpfchentrainings sind. Gelegentliche Rückschläge sind in den ersten Tagen, Monaten und sogar Jahren des Töpfchentrainings nicht ungewöhnlich.

Wenn Ihr Kind anfängt, wieder häufiger Unfälle zu haben, ist es wichtig, nicht in Panik zu geraten. Stattdessen sollten Sie die Gründe für diese Häufung von Unfällen erforschen, um zukünftige Vorfälle besser vermeiden zu können. Hier sind einige gängige Ursachen für Unfälle bei Kindern und einige praktische Lösungsansätze:

Bereitschaft des Kindes prüfen: Wenn Ihr Kind häufiger Unfälle hat, als es das Töpfchen benutzt, könnte es sinnvoll sein, zu überprüfen, ob es sowohl physisch als auch emotional bereit für das Töpfchentraining ist. Ein starkes Bedürfnis nach Unabhängigkeit und Selbstkontrolle ist entscheidend für den Erfolg des Trainings. Wenn Sie den Eindruck haben, dass Ihr Kind überfordert ist, zögern Sie nicht, das Töpfchentraining vorübergehend zu pausieren. Denken Sie jedoch daran, dass es oft am besten ist, das Training fortzusetzen, wenn auch nur in kleinen Schritten, besonders wenn Sie festgestellt haben, dass Ihr Kind entwicklungsmäßig bereit ist.

Verstopfung und andere medizinische Probleme: Verstopfung ist eine häufige Ursache für Unfälle, da sie die Nervensignale vom Bauch zum Gehirn stören kann, sodass das Kind möglicherweise nicht rechtzeitig merkt, dass es das Töpfchen benutzen muss. Verstopfung kann zudem sehr schmerzhaft sein, was dazu führt, dass Kinder den Gang zum Töpfchen meiden, um Unbehagen zu vermeiden. Darüber hinaus können medizinische Probleme wie Harnwegsinfektionen oder Darminfektionen ebenfalls dazu beitragen, dass Ihr Kind Schwierigkeiten beim Töpfchentraining hat. Es ist ratsam, vor Beginn des Töpfchentrainings alle gesundheitlichen Probleme mit dem Kinderarzt Ihres Kindes zu besprechen und gegebenenfalls behandeln zu lassen.

In jedem Fall ist es wichtig, Geduld zu bewahren und Ihr Kind weiterhin zu ermutigen und zu unterstützen. Verständnis und eine positive Herangehensweise sind Schlüsselelemente, um Ihrem Kind durch diese Lernphase zu helfen.

Ihr Kind ist abgelenkt

Unfälle während des Töpfchentrainings können verschiedene Ursachen haben, und eine davon ist, dass Ihr Kind möglicherweise zu abgelenkt ist. Es ist nicht ungewöhnlich, dass Kinder in dem Alter, in dem sie das Töpfchentraining durchlaufen, lieber spielen oder sich mit ihren Lieblingsspielsachen beschäftigen, als eine Pause einzulegen, um das Töpfchen zu benutzen. Dies kann dazu führen, dass sie zu lange warten, um auf die Toilette zu gehen, oder es nicht rechtzeitig schaffen, was zu Unfällen führt. Um dies zu vermeiden, kann es hilfreich sein, Ihr Kind zu ermutigen, das Töpfchen zu benutzen, bevor es mit dem Spielen beginnt, und es regelmäßig zu erinnern, vor allem, wenn es vertieft in eine Aktivität ist. Es ist wichtig, auf die Signale Ihres Kindes zu achten und seine bevorzugte Herangehensweise zu unterstützen.

Ein weiterer Faktor, der zu Unfällen beitragen kann, ist Stress. Veränderungen in der Umgebung des Kindes, wie der Beginn des Kindergartenbesuchs, ein Umzug oder familiäre Veränderungen, können Stress verursachen, der sich negativ auf das Töpfchentraining auswirkt. Kinder, die gestresst sind, haben oft Schwierigkeiten, sich auf das Erlernen neuer Fähigkeiten zu konzentrieren. Zudem kann Schamgefühl, insbesondere nach einem Unfall in der Schule oder in der Öffentlichkeit, die Situation verschärfen. Bei älteren Kindern kann häufiges Auftreten von Unfällen ein Zeichen dafür sein, dass sie sich überwältigt fühlen oder das Gefühl haben, keine Kontrolle über ihre Umgebung zu haben.

Um Ihrem Kind in solchen Situationen zu helfen, ist es wichtig, die Ursachen für den Stress zu verstehen und Wege zu finden, diesen zu bewältigen. Eine unterstützende und geduldige Herangehensweise, bei der Sie Ihrem Kind versichern, dass Unfälle normal sind und es keinen Grund gibt, sich dafür zu schämen, kann sehr hilfreich sein. Darüber hinaus kann das Schaffen einer beruhigenden und stabilen Umgebung dazu beitragen, das Stressniveau Ihres Kindes zu senken und es beim erfolgreichen Töpfchentraining zu unterstützen.

Aufgeben?

Das Töpfchentraining kann eine herausfordernde Aufgabe sein, besonders wenn man es zum ersten Mal durchführt. Die Konfrontation mit häufigen Unfällen, Machtkämpfen oder anhaltender Verstopfung kann das Gefühl erwecken, aufgeben zu wollen. Es ist jedoch wichtig, sich bewusst zu machen, dass die Entscheidung, das Töpfchentraining zu pausieren, eine persönliche ist und sorgfältig abgewogen werden sollte. Bevor Sie eine Entscheidung treffen, ist es ratsam, die Vor- und Nachteile einer Pause zu überdenken, Ihre Entscheidung mit anderen beteiligten Bezugspersonen zu besprechen und dann auf Ihre Intuition zu hören. Sie kennen Ihr Kind am besten und sind in der Lage, die richtige Entscheidung für Ihre Familie zu treffen. Bedenken Sie, dass es in Ordnung ist, Ihre Meinung zu ändern.

Das Durchhalten kann belohnend sein, und es besteht die Möglichkeit, dass Sie bald Erfolge sehen und das Gefühl haben, etwas Bedeutendes erreicht zu haben. Auf der anderen Seite kann eine Pause von der Töpfchentrainingsroutine manchmal nötig sein, insbesondere wenn ständige Machtkämpfe und negative Erfahrungen überwiegen. Eine Pause kann die nötige Erleichterung für Sie und Ihr Kind bieten.

Wenn Sie das Gefühl haben, aufgeben zu wollen, weil Sie erschöpft und frustriert sind, kann es hilfreich sein, Unterstützung von einem Freund oder Familienmitglied zu suchen. Eine kurze Pause kann Ihnen die Möglichkeit bieten, wieder Energie zu tanken, bevor Sie eine endgültige Entscheidung treffen. Sollte der Wunsch, aufzuhören, jedoch hauptsächlich auf den Widerstand Ihres Kindes zurückzuführen sein, könnte es sinnvoll sein, eine Pause einzulegen und die Entwicklungsbereitschaft Ihres Kindes neu zu bewerten.

Das Alter, in dem Ihr Kind mit dem Töpfchentraining beginnt, variiert. Es gibt viele Gründe, warum das Training verzögert werden kann, wie die Entwicklung Ihres Kindes, medizinische Probleme, familiärer Stress oder einfach, weil Sie noch nicht bereit waren. Es ist wichtig zu wissen, dass Ihr Kind lernen wird, das Töpfchen zu benutzen, auch wenn es später als andere Kinder damit beginnt.

Späteres Töpfchentraining hat sowohl Vor- als auch Nachteile. Ein spätes Training kann mit einem höheren Risiko für Verstopfung und Zurückhalten von Stuhl verbunden sein, und ältere Kinder könnten sich stärker dagegen wehren, Windeln aufzugeben, da sie stärker an ihren Gewohnheiten festhalten. Auf der anderen Seite kann ein späterer Beginn bedeuten, dass Ihr Kind die Signale seines Körpers besser wahrnehmen kann. Es ist wahrscheinlicher, dass es sich selbstständig an- und ausziehen kann und ein gewisses Maß an Selbstreinigung beherrscht. In einem höheren Alter kann es auch den sozialen Druck spüren, wenn es erfährt, dass seine Freunde bereits trainiert sind.

Unabhängig vom Alter Ihres Kindes gelten die gleichen Töpfchentrainingsstrategien. Vermeiden Sie es, Ihr Kind unter Druck zu setzen, schnell erwachsen zu werden, oder es mit Geschwistern und Freunden zu vergleichen. Versuchen Sie, nicht zu viel Druck auszuüben. Ihre Aufgabe ist es, die Bedingungen für ein erfolgreiches Töpfchentraining zu schaffen und den Rest Ihrem Kind zu überlassen. Letztendlich wird es lernen, das Töpfchen zu benutzen.

Zusammenfassend ist es wichtig, medizinische Probleme wie Durchfall und Verstopfung zu berücksichtigen, da sie häufige Hindernisse beim Töpfchentraining darstellen. Während schwerer Durchfall eine Pause erfordert, können Sie das Training bei leichter Verstopfung und Durchfall mit Hausmitteln fortsetzen. Sprechen Sie mit dem Kinderarzt Ihres Kindes, wenn

Sie befürchten, dass medizinische Probleme das Töpfchentraining behindern.

Wutanfälle und Widerstände sind normal, aber es gibt Maßnahmen, um die Verbindung zu Ihrem Kind wiederherzustellen und den Widerstand zu minimieren. Wenn Wutanfälle häufig auftreten, sollten Sie die Bereitschaft Ihres Kindes für das Töpfchentraining, mögliche Stressfaktoren und Ihre allgemeine Herangehensweise an den Prozess überdenken.

Regressives Verhalten ist bei jüngeren Kindern üblich, insbesondere wenn sie ein neues Geschwisterchen bekommen. Überdenken Sie Ihren Umgang mit Lob, besonders wenn Sie den Verdacht haben, dass es zu viel Leistungsdruck erzeugt.

Versuchen Sie, nicht in Panik zu geraten, wenn Ihr Kind wieder in Unfälle abrutscht. Stattdessen sollten Sie eine konsequente Routine einführen, zu den Grundlagen zurückkehren, positiv bleiben und Ihrem Kind viel zusätzliche Aufmerksamkeit schenken. Die meisten Rückschritte klingen innerhalb von zwei Wochen ab.

Die späte Einschulung bringt eine Reihe von Vor- und Nachteilen mit sich. Widerstehen Sie dem Drang, Ihr Kind unter Druck zu setzen, schnell mit dem Töpfchentraining fertig zu werden, oder es mit anderen Kindern zu vergleichen.

KAPITEL 10

FEIERN SIE!

Herzlichen Glückwunsch! Es ist ein bedeutender Moment – Sie und Ihr Kind haben das Ende des Töpfchentrainings erreicht. Nachdem Sie sich durch dieses Buch gearbeitet, die vorgeschlagenen Strategien angewandt und individuelle Anpassungen vorgenommen haben, um die Reise speziell auf Ihr Kind zuzuschneiden, können Sie nun den Erfolg feiern: Sie haben ein windelfreies Kind! Ihr Kind hat die wichtige Erkenntnis gewonnen, dass saubere, trockene Unterwäsche wesentlich angenehmer ist als nasse Windeln und Pfützen auf dem Boden. Das ist eine hervorragende Leistung!

Ich bin mir sicher, dass diese Reise voller Höhen und Tiefen war, mit Erfolgen und Herausforderungen, Unfällen und

Töpfchenfeiern. Sie und Ihr Kind haben vielleicht Momente des Zweifels erlebt, sich gefragt, ob Ihr Kind bereit ist oder ob Sie bereit sind. Aber das Wichtigste ist: Sie haben es durchgestanden und gemeinsam gemeistert! Das ist eine bedeutende Errungenschaft für Sie beide. Das Töpfchentraining ist ein wesentlicher Meilenstein in der Entwicklung Ihres Kindes, und Ihre Unterstützung und Geduld auf diesem Weg waren unerlässlich.

Es gibt keinen besseren Weg, diesen Meilenstein zu feiern, als mit einer fröhlichen Töpfchen-Tanzparty! Es ist eine wunderbare Gelegenheit, die harte Arbeit und das Durchhaltevermögen zu würdigen und Ihrem Kind zu zeigen, wie stolz Sie auf seine Fortschritte sind. Eine kleine Feier kann dazu beitragen, die positiven Aspekte des Töpfchentrainings hervorzuheben und Ihrem Kind das Gefühl zu geben, etwas Besonderes erreicht zu haben.

Nutzen Sie diesen Moment, um zurückzublicken auf die gemeinsame Reise, die Lernmomente und die Entwicklung, die Sie beide durchgemacht haben. Dies ist auch eine Zeit, in der Sie sich selbst als Elternteil gratulieren können. Sie haben Ihrem Kind eine wichtige Lebensfähigkeit beigebracht, und das ist etwas, auf das Sie wirklich stolz sein können. Feiern Sie diesen besonderen Moment auf eine Weise, die sowohl Ihnen als auch Ihrem Kind Freude bereitet. Ob es nun eine kleine Party, ein besonderer Ausflug oder eine andere Form der Anerkennung ist, es ist wichtig, diesen Schritt zu würdigen und die positiven Erinnerungen zu bewahren. Wieder einmal, herzlichen Glückwunsch!

Töpfchentagebuch

Liebe Eltern,

Das Töpfchentraining ist eine Zeit des Lernens und Wachsens, nicht nur für Ihr Kind, sondern auch für Sie. Um diesen Prozess zu erleichtern und zu unterstützen, haben wir dieses Töpfchentagebuch entwickelt. Es soll Ihnen helfen, den Fortschritt, die Herausforderungen und die besonderen Momente während des Töpfchentrainings festzuhalten und zu reflektieren.

Die täglichen Fragen in diesem Tagebuch sind sorgfältig ausgewählt, um Sie bei der Beobachtung und Begleitung Ihres Kindes durch diese Phase zu unterstützen:

2/ **"Wie verlief der heutige Tag im Hinblick auf das Töpfchentraining?"** Diese Frage hilft Ihnen, den täglichen Fortschritt zu verfolgen und besondere Erfolge oder Herausforderungen festzuhalten.

3/ **"Gab es heute Unfälle? Wie sind wir damit umgegangen und was könnten wir in Zukunft anders machen?"** Unfälle sind ein normaler Teil des Lernprozesses. Durch diese Reflexion können Sie Strategien entwickeln, um zukünftige Unfälle zu minimieren und Ihrem Kind zu helfen, aus diesen Erfahrungen zu lernen.

4/ **"Welche Gefühle oder Gedanken hatte ich heute in Bezug auf das Töpfchentraining?"** Ihre Gefühle und Gedanken sind ebenso wichtig wie die Ihres Kindes. Diese Selbstreflexion hilft Ihnen, mit Stress umzugehen und eine positive Einstellung zu bewahren.

5/ **"Wie unterstützen wir unser Kind emotional während des Töpfchentrainings?"** Emotionaler Support ist entscheidend. Diese Frage ermutigt Sie, kreativ zu sein und Wege zu finden, um Ihrem Kind durch Ermutigung und Verständnis zu helfen.

6/ **"Welche Anpassungen könnten wir in unserem Ansatz zum Töpfchentraining vornehmen, basierend auf den Erfahrungen der letzten Tage?"** Kein Kind ist gleich, und Flexibilität ist der Schlüssel. Diese Frage ermöglicht es Ihnen, Ihren Ansatz anzupassen und das Töpfchentraining individuell auf Ihr Kind abzustimmen.

Wir hoffen, dass dieses Tagebuch ein nützliches Werkzeug für Sie ist, um die Töpfchentrainingsphase auf eine Art und Weise zu erleben, die sowohl für Sie als auch für Ihr Kind bereichernd und positiv ist.

Viel Erfolg und Freude auf dieser Reise!

TAGEBUCH

WIE VERLIEF DER HEUTIGE TAG IM HINBLICK AUF DAS TÖPFCHENTRAINING?

DATUM ____________

☐ ☐ ☐ ☐ ☐

GAB ES HEUTE UNFÄLLE? WIE SIND WIR DAMIT UMGEGANGEN UND WAS KÖNNTEN WIR IN ZUKUNFT ANDERS MACHEN?

WELCHE GEFÜHLE ODER GEDANKEN HATTE ICH HEUTE IN BEZUG AUF DAS TÖPFCHENTRAINING?

WIE UNTERSTÜTZEN WIR UNSER KIND EMOTIONAL WÄHREND DES TÖPFCHENTRAININGS?

WELCHE ANPASSUNGEN KÖNNTEN WIR IN UNSEREM ANSATZ ZUM TÖPFCHENTRAINING VORNEHMEN, BASIEREND AUF DEN ERFAHRUNGEN DER LETZTEN TAGE?

TAGEBUCH

WIE VERLIEF DER HEUTIGE TAG IM HINBLICK AUF DAS TÖPFCHENTRAINING?

DATUM ____________

☐ ☐ ☐ ☐ ☐

GAB ES HEUTE UNFÄLLE? WIE SIND WIR DAMIT UMGEGANGEN UND WAS KÖNNTEN WIR IN ZUKUNFT ANDERS MACHEN?

WELCHE GEFÜHLE ODER GEDANKEN HATTE ICH HEUTE IN BEZUG AUF DAS TÖPFCHENTRAINING?

WIE UNTERSTÜTZEN WIR UNSER KIND EMOTIONAL WÄHREND DES TÖPFCHENTRAININGS?

WELCHE ANPASSUNGEN KÖNNTEN WIR IN UNSEREM ANSATZ ZUM TÖPFCHENTRAINING VORNEHMEN, BASIEREND AUF DEN ERFAHRUNGEN DER LETZTEN TAGE?

TAGEBUCH

WIE VERLIEF DER HEUTIGE TAG IM HINBLICK AUF DAS TÖPFCHENTRAINING?

DATUM ______________

☐ ☐ ☐ ☐ ☐

GAB ES HEUTE UNFÄLLE? WIE SIND WIR DAMIT UMGEGANGEN UND WAS KÖNNTEN WIR IN ZUKUNFT ANDERS MACHEN?

WELCHE GEFÜHLE ODER GEDANKEN HATTE ICH HEUTE IN BEZUG AUF DAS TÖPFCHENTRAINING?

WIE UNTERSTÜTZEN WIR UNSER KIND EMOTIONAL WÄHREND DES TÖPFCHENTRAININGS?

WELCHE ANPASSUNGEN KÖNNTEN WIR IN UNSEREM ANSATZ ZUM TÖPFCHENTRAINING VORNEHMEN, BASIEREND AUF DEN ERFAHRUNGEN DER LETZTEN TAGE?

TAGEBUCH

WIE VERLIEF DER HEUTIGE TAG IM HINBLICK AUF DAS TÖPFCHENTRAINING?

DATUM

GAB ES HEUTE UNFÄLLE? WIE SIND WIR DAMIT UMGEGANGEN UND WAS KÖNNTEN WIR IN ZUKUNFT ANDERS MACHEN?

WELCHE GEFÜHLE ODER GEDANKEN HATTE ICH HEUTE IN BEZUG AUF DAS TÖPFCHENTRAINING?

WIE UNTERSTÜTZEN WIR UNSER KIND EMOTIONAL WÄHREND DES TÖPFCHENTRAININGS?

WELCHE ANPASSUNGEN KÖNNTEN WIR IN UNSEREM ANSATZ ZUM TÖPFCHENTRAINING VORNEHMEN, BASIEREND AUF DEN ERFAHRUNGEN DER LETZTEN TAGE?

TAGEBUCH

WIE VERLIEF DER HEUTIGE TAG IM HINBLICK AUF DAS TÖPFCHENTRAINING?

DATUM ____________

GAB ES HEUTE UNFÄLLE? WIE SIND WIR DAMIT UMGEGANGEN UND WAS KÖNNTEN WIR IN ZUKUNFT ANDERS MACHEN?

WELCHE GEFÜHLE ODER GEDANKEN HATTE ICH HEUTE IN BEZUG AUF DAS TÖPFCHENTRAINING?

WIE UNTERSTÜTZEN WIR UNSER KIND EMOTIONAL WÄHREND DES TÖPFCHENTRAININGS?

WELCHE ANPASSUNGEN KÖNNTEN WIR IN UNSEREM ANSATZ ZUM TÖPFCHENTRAINING VORNEHMEN, BASIEREND AUF DEN ERFAHRUNGEN DER LETZTEN TAGE?

TAGEBUCH

WIE VERLIEF DER HEUTIGE TAG IM HINBLICK AUF DAS TÖPFCHENTRAINING?

DATUM

GAB ES HEUTE UNFÄLLE? WIE SIND WIR DAMIT UMGEGANGEN UND WAS KÖNNTEN WIR IN ZUKUNFT ANDERS MACHEN?

WELCHE GEFÜHLE ODER GEDANKEN HATTE ICH HEUTE IN BEZUG AUF DAS TÖPFCHENTRAINING?

WIE UNTERSTÜTZEN WIR UNSER KIND EMOTIONAL WÄHREND DES TÖPFCHENTRAININGS?

WELCHE ANPASSUNGEN KÖNNTEN WIR IN UNSEREM ANSATZ ZUM TÖPFCHENTRAINING VORNEHMEN, BASIEREND AUF DEN ERFAHRUNGEN DER LETZTEN TAGE?

TAGEBUCH

WIE VERLIEF DER HEUTIGE TAG IM HINBLICK AUF DAS TÖPFCHENTRAINING?

DATUM ____________

☐ ☐ ☐ ☐ ☐

GAB ES HEUTE UNFÄLLE? WIE SIND WIR DAMIT UMGEGANGEN UND WAS KÖNNTEN WIR IN ZUKUNFT ANDERS MACHEN?

WELCHE GEFÜHLE ODER GEDANKEN HATTE ICH HEUTE IN BEZUG AUF DAS TÖPFCHENTRAINING?

WIE UNTERSTÜTZEN WIR UNSER KIND EMOTIONAL WÄHREND DES TÖPFCHENTRAININGS?

WELCHE ANPASSUNGEN KÖNNTEN WIR IN UNSEREM ANSATZ ZUM TÖPFCHENTRAINING VORNEHMEN, BASIEREND AUF DEN ERFAHRUNGEN DER LETZTEN TAGE?

TAGEBUCH

WIE VERLIEF DER HEUTIGE TAG IM HINBLICK AUF DAS TÖPFCHENTRAINING?

DATUM ______________

☐ ☐ ☐ ☐ ☐

GAB ES HEUTE UNFÄLLE? WIE SIND WIR DAMIT UMGEGANGEN UND WAS KÖNNTEN WIR IN ZUKUNFT ANDERS MACHEN?

WELCHE GEFÜHLE ODER GEDANKEN HATTE ICH HEUTE IN BEZUG AUF DAS TÖPFCHENTRAINING?

WIE UNTERSTÜTZEN WIR UNSER KIND EMOTIONAL WÄHREND DES TÖPFCHENTRAININGS?

WELCHE ANPASSUNGEN KÖNNTEN WIR IN UNSEREM ANSATZ ZUM TÖPFCHENTRAINING VORNEHMEN, BASIEREND AUF DEN ERFAHRUNGEN DER LETZTEN TAGE?

TAGEBUCH

WIE VERLIEF DER HEUTIGE TAG IM HINBLICK AUF DAS TÖPFCHENTRAINING?

DATUM

GAB ES HEUTE UNFÄLLE? WIE SIND WIR DAMIT UMGEGANGEN UND WAS KÖNNTEN WIR IN ZUKUNFT ANDERS MACHEN?

WELCHE GEFÜHLE ODER GEDANKEN HATTE ICH HEUTE IN BEZUG AUF DAS TÖPFCHENTRAINING?

WIE UNTERSTÜTZEN WIR UNSER KIND EMOTIONAL WÄHREND DES TÖPFCHENTRAININGS?

WELCHE ANPASSUNGEN KÖNNTEN WIR IN UNSEREM ANSATZ ZUM TÖPFCHENTRAINING VORNEHMEN, BASIEREND AUF DEN ERFAHRUNGEN DER LETZTEN TAGE?

TAGEBUCH

WIE VERLIEF DER HEUTIGE TAG IM HINBLICK AUF DAS TÖPFCHENTRAINING?

DATUM ____________

☐ ☐ ☐ ☐ ☐

GAB ES HEUTE UNFÄLLE? WIE SIND WIR DAMIT UMGEGANGEN UND WAS KÖNNTEN WIR IN ZUKUNFT ANDERS MACHEN?

WELCHE GEFÜHLE ODER GEDANKEN HATTE ICH HEUTE IN BEZUG AUF DAS TÖPFCHENTRAINING?

WIE UNTERSTÜTZEN WIR UNSER KIND EMOTIONAL WÄHREND DES TÖPFCHENTRAININGS?

WELCHE ANPASSUNGEN KÖNNTEN WIR IN UNSEREM ANSATZ ZUM TÖPFCHENTRAINING VORNEHMEN, BASIEREND AUF DEN ERFAHRUNGEN DER LETZTEN TAGE?

TAGEBUCH

WIE VERLIEF DER HEUTIGE TAG IM HINBLICK AUF DAS TÖPFCHENTRAINING?

DATUM

GAB ES HEUTE UNFÄLLE? WIE SIND WIR DAMIT UMGEGANGEN UND WAS KÖNNTEN WIR IN ZUKUNFT ANDERS MACHEN?

WELCHE GEFÜHLE ODER GEDANKEN HATTE ICH HEUTE IN BEZUG AUF DAS TÖPFCHENTRAINING?

WIE UNTERSTÜTZEN WIR UNSER KIND EMOTIONAL WÄHREND DES TÖPFCHENTRAININGS?

WELCHE ANPASSUNGEN KÖNNTEN WIR IN UNSEREM ANSATZ ZUM TÖPFCHENTRAINING VORNEHMEN, BASIEREND AUF DEN ERFAHRUNGEN DER LETZTEN TAGE?

TAGEBUCH

WIE VERLIEF DER HEUTIGE TAG IM HINBLICK AUF DAS TÖPFCHENTRAINING?

DATUM ______________________

☐ ☐ ☐ ☐ ☐

GAB ES HEUTE UNFÄLLE? WIE SIND WIR DAMIT UMGEGANGEN UND WAS KÖNNTEN WIR IN ZUKUNFT ANDERS MACHEN?

WELCHE GEFÜHLE ODER GEDANKEN HATTE ICH HEUTE IN BEZUG AUF DAS TÖPFCHENTRAINING?

WIE UNTERSTÜTZEN WIR UNSER KIND EMOTIONAL WÄHREND DES TÖPFCHENTRAININGS?

WELCHE ANPASSUNGEN KÖNNTEN WIR IN UNSEREM ANSATZ ZUM TÖPFCHENTRAINING VORNEHMEN, BASIEREND AUF DEN ERFAHRUNGEN DER LETZTEN TAGE?

TAGEBUCH

WIE VERLIEF DER HEUTIGE TAG IM HINBLICK AUF DAS TÖPFCHENTRAINING?

DATUM ______________

GAB ES HEUTE UNFÄLLE? WIE SIND WIR DAMIT UMGEGANGEN UND WAS KÖNNTEN WIR IN ZUKUNFT ANDERS MACHEN?

WELCHE GEFÜHLE ODER GEDANKEN HATTE ICH HEUTE IN BEZUG AUF DAS TÖPFCHENTRAINING?

WIE UNTERSTÜTZEN WIR UNSER KIND EMOTIONAL WÄHREND DES TÖPFCHENTRAININGS?

WELCHE ANPASSUNGEN KÖNNTEN WIR IN UNSEREM ANSATZ ZUM TÖPFCHENTRAINING VORNEHMEN, BASIEREND AUF DEN ERFAHRUNGEN DER LETZTEN TAGE?

TAGEBUCH

WIE VERLIEF DER HEUTIGE TAG IM HINBLICK AUF DAS TÖPFCHENTRAINING?

DATUM ____________________

☐ ☐ ☐ ☐ ☐

GAB ES HEUTE UNFÄLLE? WIE SIND WIR DAMIT UMGEGANGEN UND WAS KÖNNTEN WIR IN ZUKUNFT ANDERS MACHEN?

WELCHE GEFÜHLE ODER GEDANKEN HATTE ICH HEUTE IN BEZUG AUF DAS TÖPFCHENTRAINING?

WIE UNTERSTÜTZEN WIR UNSER KIND EMOTIONAL WÄHREND DES TÖPFCHENTRAININGS?

WELCHE ANPASSUNGEN KÖNNTEN WIR IN UNSEREM ANSATZ ZUM TÖPFCHENTRAINING VORNEHMEN, BASIEREND AUF DEN ERFAHRUNGEN DER LETZTEN TAGE?

TAGEBUCH

WIE VERLIEF DER HEUTIGE TAG IM HINBLICK AUF DAS TÖPFCHENTRAINING?

DATUM

GAB ES HEUTE UNFÄLLE? WIE SIND WIR DAMIT UMGEGANGEN UND WAS KÖNNTEN WIR IN ZUKUNFT ANDERS MACHEN?

WELCHE GEFÜHLE ODER GEDANKEN HATTE ICH HEUTE IN BEZUG AUF DAS TÖPFCHENTRAINING?

WIE UNTERSTÜTZEN WIR UNSER KIND EMOTIONAL WÄHREND DES TÖPFCHENTRAININGS?

WELCHE ANPASSUNGEN KÖNNTEN WIR IN UNSEREM ANSATZ ZUM TÖPFCHENTRAINING VORNEHMEN, BASIEREND AUF DEN ERFAHRUNGEN DER LETZTEN TAGE?

TAGEBUCH

WIE VERLIEF DER HEUTIGE TAG IM HINBLICK AUF DAS TÖPFCHENTRAINING?

DATUM

☐ ☐ ☐ ☐ ☐

GAB ES HEUTE UNFÄLLE? WIE SIND WIR DAMIT UMGEGANGEN UND WAS KÖNNTEN WIR IN ZUKUNFT ANDERS MACHEN?

WELCHE GEFÜHLE ODER GEDANKEN HATTE ICH HEUTE IN BEZUG AUF DAS TÖPFCHENTRAINING?

WIE UNTERSTÜTZEN WIR UNSER KIND EMOTIONAL WÄHREND DES TÖPFCHENTRAININGS?

WELCHE ANPASSUNGEN KÖNNTEN WIR IN UNSEREM ANSATZ ZUM TÖPFCHENTRAINING VORNEHMEN, BASIEREND AUF DEN ERFAHRUNGEN DER LETZTEN TAGE?

TAGEBUCH

WIE VERLIEF DER HEUTIGE TAG IM HINBLICK AUF DAS TÖPFCHENTRAINING?

DATUM ______________

☐ ☐ ☐ ☐ ☐

GAB ES HEUTE UNFÄLLE? WIE SIND WIR DAMIT UMGEGANGEN UND WAS KÖNNTEN WIR IN ZUKUNFT ANDERS MACHEN?

WELCHE GEFÜHLE ODER GEDANKEN HATTE ICH HEUTE IN BEZUG AUF DAS TÖPFCHENTRAINING?

WIE UNTERSTÜTZEN WIR UNSER KIND EMOTIONAL WÄHREND DES TÖPFCHENTRAININGS?

WELCHE ANPASSUNGEN KÖNNTEN WIR IN UNSEREM ANSATZ ZUM TÖPFCHENTRAINING VORNEHMEN, BASIEREND AUF DEN ERFAHRUNGEN DER LETZTEN TAGE?

TAGEBUCH

WIE VERLIEF DER HEUTIGE TAG IM HINBLICK AUF DAS TÖPFCHENTRAINING?

DATUM

GAB ES HEUTE UNFÄLLE? WIE SIND WIR DAMIT UMGEGANGEN UND WAS KÖNNTEN WIR IN ZUKUNFT ANDERS MACHEN?

WELCHE GEFÜHLE ODER GEDANKEN HATTE ICH HEUTE IN BEZUG AUF DAS TÖPFCHENTRAINING?

WIE UNTERSTÜTZEN WIR UNSER KIND EMOTIONAL WÄHREND DES TÖPFCHENTRAININGS?

WELCHE ANPASSUNGEN KÖNNTEN WIR IN UNSEREM ANSATZ ZUM TÖPFCHENTRAINING VORNEHMEN, BASIEREND AUF DEN ERFAHRUNGEN DER LETZTEN TAGE?

TAGEBUCH

WIE VERLIEF DER HEUTIGE TAG IM HINBLICK AUF DAS TÖPFCHENTRAINING?

DATUM ______________________

☐ ☐ ☐ ☐ ☐

GAB ES HEUTE UNFÄLLE? WIE SIND WIR DAMIT UMGEGANGEN UND WAS KÖNNTEN WIR IN ZUKUNFT ANDERS MACHEN?

____

____

____

WELCHE GEFÜHLE ODER GEDANKEN HATTE ICH HEUTE IN BEZUG AUF DAS TÖPFCHENTRAINING?

____

____

____

WIE UNTERSTÜTZEN WIR UNSER KIND EMOTIONAL WÄHREND DES TÖPFCHENTRAININGS?

____

____

____

____

____

____

____

WELCHE ANPASSUNGEN KÖNNTEN WIR IN UNSEREM ANSATZ ZUM TÖPFCHENTRAINING VORNEHMEN, BASIEREND AUF DEN ERFAHRUNGEN DER LETZTEN TAGE?

____

____

____

____

TAGEBUCH

WIE VERLIEF DER HEUTIGE TAG IM HINBLICK AUF DAS TÖPFCHENTRAINING?

DATUM ____________________

☐ ☐ ☐ ☐ ☐

GAB ES HEUTE UNFÄLLE? WIE SIND WIR DAMIT UMGEGANGEN UND WAS KÖNNTEN WIR IN ZUKUNFT ANDERS MACHEN?

WELCHE GEFÜHLE ODER GEDANKEN HATTE ICH HEUTE IN BEZUG AUF DAS TÖPFCHENTRAINING?

WIE UNTERSTÜTZEN WIR UNSER KIND EMOTIONAL WÄHREND DES TÖPFCHENTRAININGS?

WELCHE ANPASSUNGEN KÖNNTEN WIR IN UNSEREM ANSATZ ZUM TÖPFCHENTRAINING VORNEHMEN, BASIEREND AUF DEN ERFAHRUNGEN DER LETZTEN TAGE?

TAGEBUCH

WIE VERLIEF DER HEUTIGE TAG IM HINBLICK AUF DAS TÖPFCHENTRAINING?

DATUM

GAB ES HEUTE UNFÄLLE? WIE SIND WIR DAMIT UMGEGANGEN UND WAS KÖNNTEN WIR IN ZUKUNFT ANDERS MACHEN?

WELCHE GEFÜHLE ODER GEDANKEN HATTE ICH HEUTE IN BEZUG AUF DAS TÖPFCHENTRAINING?

WIE UNTERSTÜTZEN WIR UNSER KIND EMOTIONAL WÄHREND DES TÖPFCHENTRAININGS?

WELCHE ANPASSUNGEN KÖNNTEN WIR IN UNSEREM ANSATZ ZUM TÖPFCHENTRAINING VORNEHMEN, BASIEREND AUF DEN ERFAHRUNGEN DER LETZTEN TAGE?

TAGEBUCH

WIE VERLIEF DER HEUTIGE TAG IM HINBLICK AUF DAS TÖPFCHENTRAINING?

DATUM

☐ ☐ ☐ ☐ ☐

GAB ES HEUTE UNFÄLLE? WIE SIND WIR DAMIT UMGEGANGEN UND WAS KÖNNTEN WIR IN ZUKUNFT ANDERS MACHEN?

WELCHE GEFÜHLE ODER GEDANKEN HATTE ICH HEUTE IN BEZUG AUF DAS TÖPFCHENTRAINING?

WIE UNTERSTÜTZEN WIR UNSER KIND EMOTIONAL WÄHREND DES TÖPFCHENTRAININGS?

WELCHE ANPASSUNGEN KÖNNTEN WIR IN UNSEREM ANSATZ ZUM TÖPFCHENTRAINING VORNEHMEN, BASIEREND AUF DEN ERFAHRUNGEN DER LETZTEN TAGE?

TAGEBUCH

WIE VERLIEF DER HEUTIGE TAG IM HINBLICK AUF DAS TÖPFCHENTRAINING?

DATUM ______________

☐ ☐ ☐ ☐ ☐

GAB ES HEUTE UNFÄLLE? WIE SIND WIR DAMIT UMGEGANGEN UND WAS KÖNNTEN WIR IN ZUKUNFT ANDERS MACHEN?

WELCHE GEFÜHLE ODER GEDANKEN HATTE ICH HEUTE IN BEZUG AUF DAS TÖPFCHENTRAINING?

WIE UNTERSTÜTZEN WIR UNSER KIND EMOTIONAL WÄHREND DES TÖPFCHENTRAININGS?

WELCHE ANPASSUNGEN KÖNNTEN WIR IN UNSEREM ANSATZ ZUM TÖPFCHENTRAINING VORNEHMEN, BASIEREND AUF DEN ERFAHRUNGEN DER LETZTEN TAGE?

TAGEBUCH

WIE VERLIEF DER HEUTIGE TAG IM HINBLICK AUF DAS TÖPFCHENTRAINING?

DATUM

☐ ☐ ☐ ☐ ☐

GAB ES HEUTE UNFÄLLE? WIE SIND WIR DAMIT UMGEGANGEN UND WAS KÖNNTEN WIR IN ZUKUNFT ANDERS MACHEN?

WELCHE GEFÜHLE ODER GEDANKEN HATTE ICH HEUTE IN BEZUG AUF DAS TÖPFCHENTRAINING?

WIE UNTERSTÜTZEN WIR UNSER KIND EMOTIONAL WÄHREND DES TÖPFCHENTRAININGS?

WELCHE ANPASSUNGEN KÖNNTEN WIR IN UNSEREM ANSATZ ZUM TÖPFCHENTRAINING VORNEHMEN, BASIEREND AUF DEN ERFAHRUNGEN DER LETZTEN TAGE?

TAGEBUCH

WIE VERLIEF DER HEUTIGE TAG IM HINBLICK AUF DAS TÖPFCHENTRAINING?

DATUM

GAB ES HEUTE UNFÄLLE? WIE SIND WIR DAMIT UMGEGANGEN UND WAS KÖNNTEN WIR IN ZUKUNFT ANDERS MACHEN?

WELCHE GEFÜHLE ODER GEDANKEN HATTE ICH HEUTE IN BEZUG AUF DAS TÖPFCHENTRAINING?

WIE UNTERSTÜTZEN WIR UNSER KIND EMOTIONAL WÄHREND DES TÖPFCHENTRAININGS?

WELCHE ANPASSUNGEN KÖNNTEN WIR IN UNSEREM ANSATZ ZUM TÖPFCHENTRAINING VORNEHMEN, BASIEREND AUF DEN ERFAHRUNGEN DER LETZTEN TAGE?

TAGEBUCH

WIE VERLIEF DER HEUTIGE TAG IM HINBLICK AUF DAS TÖPFCHENTRAINING?

DATUM ______________________

☐ ☐ ☐ ☐ ☐

GAB ES HEUTE UNFÄLLE? WIE SIND WIR DAMIT UMGEGANGEN UND WAS KÖNNTEN WIR IN ZUKUNFT ANDERS MACHEN?

WELCHE GEFÜHLE ODER GEDANKEN HATTE ICH HEUTE IN BEZUG AUF DAS TÖPFCHENTRAINING?

WIE UNTERSTÜTZEN WIR UNSER KIND EMOTIONAL WÄHREND DES TÖPFCHENTRAININGS?

WELCHE ANPASSUNGEN KÖNNTEN WIR IN UNSEREM ANSATZ ZUM TÖPFCHENTRAINING VORNEHMEN, BASIEREND AUF DEN ERFAHRUNGEN DER LETZTEN TAGE?

TAGEBUCH

WIE VERLIEF DER HEUTIGE TAG IM HINBLICK AUF DAS TÖPFCHENTRAINING?

DATUM ______________

☐ ☐ ☐ ☐ ☐

GAB ES HEUTE UNFÄLLE? WIE SIND WIR DAMIT UMGEGANGEN UND WAS KÖNNTEN WIR IN ZUKUNFT ANDERS MACHEN?

WELCHE GEFÜHLE ODER GEDANKEN HATTE ICH HEUTE IN BEZUG AUF DAS TÖPFCHENTRAINING?

WIE UNTERSTÜTZEN WIR UNSER KIND EMOTIONAL WÄHREND DES TÖPFCHENTRAININGS?

WELCHE ANPASSUNGEN KÖNNTEN WIR IN UNSEREM ANSATZ ZUM TÖPFCHENTRAINING VORNEHMEN, BASIEREND AUF DEN ERFAHRUNGEN DER LETZTEN TAGE?

TAGEBUCH

WIE VERLIEF DER HEUTIGE TAG IM HINBLICK AUF DAS TÖPFCHENTRAINING?

DATUM

GAB ES HEUTE UNFÄLLE? WIE SIND WIR DAMIT UMGEGANGEN UND WAS KÖNNTEN WIR IN ZUKUNFT ANDERS MACHEN?

WELCHE GEFÜHLE ODER GEDANKEN HATTE ICH HEUTE IN BEZUG AUF DAS TÖPFCHENTRAINING?

WIE UNTERSTÜTZEN WIR UNSER KIND EMOTIONAL WÄHREND DES TÖPFCHENTRAININGS?

WELCHE ANPASSUNGEN KÖNNTEN WIR IN UNSEREM ANSATZ ZUM TÖPFCHENTRAINING VORNEHMEN, BASIEREND AUF DEN ERFAHRUNGEN DER LETZTEN TAGE?

TAGEBUCH

WIE VERLIEF DER HEUTIGE TAG IM HINBLICK AUF DAS TÖPFCHENTRAINING?

DATUM ____________

☐ ☐ ☐ ☐ ☐

GAB ES HEUTE UNFÄLLE? WIE SIND WIR DAMIT UMGEGANGEN UND WAS KÖNNTEN WIR IN ZUKUNFT ANDERS MACHEN?

WELCHE GEFÜHLE ODER GEDANKEN HATTE ICH HEUTE IN BEZUG AUF DAS TÖPFCHENTRAINING?

WIE UNTERSTÜTZEN WIR UNSER KIND EMOTIONAL WÄHREND DES TÖPFCHENTRAININGS?

WELCHE ANPASSUNGEN KÖNNTEN WIR IN UNSEREM ANSATZ ZUM TÖPFCHENTRAINING VORNEHMEN, BASIEREND AUF DEN ERFAHRUNGEN DER LETZTEN TAGE?

TAGEBUCH

WIE VERLIEF DER HEUTIGE TAG IM HINBLICK AUF DAS TÖPFCHENTRAINING?

DATUM ____________________

☐ ☐ ☐ ☐ ☐

GAB ES HEUTE UNFÄLLE? WIE SIND WIR DAMIT UMGEGANGEN UND WAS KÖNNTEN WIR IN ZUKUNFT ANDERS MACHEN?

WELCHE GEFÜHLE ODER GEDANKEN HATTE ICH HEUTE IN BEZUG AUF DAS TÖPFCHENTRAINING?

WIE UNTERSTÜTZEN WIR UNSER KIND EMOTIONAL WÄHREND DES TÖPFCHENTRAININGS?

WELCHE ANPASSUNGEN KÖNNTEN WIR IN UNSEREM ANSATZ ZUM TÖPFCHENTRAINING VORNEHMEN, BASIEREND AUF DEN ERFAHRUNGEN DER LETZTEN TAGE?

TAGEBUCH

WIE VERLIEF DER HEUTIGE TAG IM HINBLICK AUF DAS TÖPFCHENTRAINING? DATUM ____________

☐ ☐ ☐ ☐ ☐

GAB ES HEUTE UNFÄLLE? WIE SIND WIR DAMIT UMGEGANGEN UND WAS KÖNNTEN WIR IN ZUKUNFT ANDERS MACHEN?

WELCHE GEFÜHLE ODER GEDANKEN HATTE ICH HEUTE IN BEZUG AUF DAS TÖPFCHENTRAINING?

WIE UNTERSTÜTZEN WIR UNSER KIND EMOTIONAL WÄHREND DES TÖPFCHENTRAININGS?

WELCHE ANPASSUNGEN KÖNNTEN WIR IN UNSEREM ANSATZ ZUM TÖPFCHENTRAINING VORNEHMEN, BASIEREND AUF DEN ERFAHRUNGEN DER LETZTEN TAGE?

TAGEBUCH

WIE VERLIEF DER HEUTIGE TAG IM HINBLICK AUF DAS TÖPFCHENTRAINING?

DATUM

GAB ES HEUTE UNFÄLLE? WIE SIND WIR DAMIT UMGEGANGEN UND WAS KÖNNTEN WIR IN ZUKUNFT ANDERS MACHEN?

WELCHE GEFÜHLE ODER GEDANKEN HATTE ICH HEUTE IN BEZUG AUF DAS TÖPFCHENTRAINING?

WIE UNTERSTÜTZEN WIR UNSER KIND EMOTIONAL WÄHREND DES TÖPFCHENTRAININGS?

WELCHE ANPASSUNGEN KÖNNTEN WIR IN UNSEREM ANSATZ ZUM TÖPFCHENTRAINING VORNEHMEN, BASIEREND AUF DEN ERFAHRUNGEN DER LETZTEN TAGE?

TAGEBUCH

WIE VERLIEF DER HEUTIGE TAG IM HINBLICK AUF DAS TÖPFCHENTRAINING?

DATUM ______________

☐ ☐ ☐ ☐ ☐

GAB ES HEUTE UNFÄLLE? WIE SIND WIR DAMIT UMGEGANGEN UND WAS KÖNNTEN WIR IN ZUKUNFT ANDERS MACHEN?

WELCHE GEFÜHLE ODER GEDANKEN HATTE ICH HEUTE IN BEZUG AUF DAS TÖPFCHENTRAINING?

WIE UNTERSTÜTZEN WIR UNSER KIND EMOTIONAL WÄHREND DES TÖPFCHENTRAININGS?

WELCHE ANPASSUNGEN KÖNNTEN WIR IN UNSEREM ANSATZ ZUM TÖPFCHENTRAINING VORNEHMEN, BASIEREND AUF DEN ERFAHRUNGEN DER LETZTEN TAGE?

TAGEBUCH

WIE VERLIEF DER HEUTIGE TAG IM HINBLICK AUF DAS TÖPFCHENTRAINING?

DATUM

GAB ES HEUTE UNFÄLLE? WIE SIND WIR DAMIT UMGEGANGEN UND WAS KÖNNTEN WIR IN ZUKUNFT ANDERS MACHEN?

WELCHE GEFÜHLE ODER GEDANKEN HATTE ICH HEUTE IN BEZUG AUF DAS TÖPFCHENTRAINING?

WIE UNTERSTÜTZEN WIR UNSER KIND EMOTIONAL WÄHREND DES TÖPFCHENTRAININGS?

WELCHE ANPASSUNGEN KÖNNTEN WIR IN UNSEREM ANSATZ ZUM TÖPFCHENTRAINING VORNEHMEN, BASIEREND AUF DEN ERFAHRUNGEN DER LETZTEN TAGE?

TAGEBUCH

WIE VERLIEF DER HEUTIGE TAG IM HINBLICK AUF DAS TÖPFCHENTRAINING?

DATUM

GAB ES HEUTE UNFÄLLE? WIE SIND WIR DAMIT UMGEGANGEN UND WAS KÖNNTEN WIR IN ZUKUNFT ANDERS MACHEN?

WELCHE GEFÜHLE ODER GEDANKEN HATTE ICH HEUTE IN BEZUG AUF DAS TÖPFCHENTRAINING?

WIE UNTERSTÜTZEN WIR UNSER KIND EMOTIONAL WÄHREND DES TÖPFCHENTRAININGS?

WELCHE ANPASSUNGEN KÖNNTEN WIR IN UNSEREM ANSATZ ZUM TÖPFCHENTRAINING VORNEHMEN, BASIEREND AUF DEN ERFAHRUNGEN DER LETZTEN TAGE?

TAGEBUCH

WIE VERLIEF DER HEUTIGE TAG IM HINBLICK AUF DAS TÖPFCHENTRAINING?

DATUM

GAB ES HEUTE UNFÄLLE? WIE SIND WIR DAMIT UMGEGANGEN UND WAS KÖNNTEN WIR IN ZUKUNFT ANDERS MACHEN?

WELCHE GEFÜHLE ODER GEDANKEN HATTE ICH HEUTE IN BEZUG AUF DAS TÖPFCHENTRAINING?

WIE UNTERSTÜTZEN WIR UNSER KIND EMOTIONAL WÄHREND DES TÖPFCHENTRAININGS?

WELCHE ANPASSUNGEN KÖNNTEN WIR IN UNSEREM ANSATZ ZUM TÖPFCHENTRAINING VORNEHMEN, BASIEREND AUF DEN ERFAHRUNGEN DER LETZTEN TAGE?

TAGEBUCH

WIE VERLIEF DER HEUTIGE TAG IM HINBLICK AUF DAS TÖPFCHENTRAINING?

DATUM ______________________

☐ ☐ ☐ ☐ ☐

GAB ES HEUTE UNFÄLLE? WIE SIND WIR DAMIT UMGEGANGEN UND WAS KÖNNTEN WIR IN ZUKUNFT ANDERS MACHEN?

WELCHE GEFÜHLE ODER GEDANKEN HATTE ICH HEUTE IN BEZUG AUF DAS TÖPFCHENTRAINING?

WIE UNTERSTÜTZEN WIR UNSER KIND EMOTIONAL WÄHREND DES TÖPFCHENTRAININGS?

WELCHE ANPASSUNGEN KÖNNTEN WIR IN UNSEREM ANSATZ ZUM TÖPFCHENTRAINING VORNEHMEN, BASIEREND AUF DEN ERFAHRUNGEN DER LETZTEN TAGE?

TAGEBUCH

WIE VERLIEF DER HEUTIGE TAG IM HINBLICK AUF DAS TÖPFCHENTRAINING?

DATUM ______________

☐ ☐ ☐ ☐ ☐

GAB ES HEUTE UNFÄLLE? WIE SIND WIR DAMIT UMGEGANGEN UND WAS KÖNNTEN WIR IN ZUKUNFT ANDERS MACHEN?

WELCHE GEFÜHLE ODER GEDANKEN HATTE ICH HEUTE IN BEZUG AUF DAS TÖPFCHENTRAINING?

WIE UNTERSTÜTZEN WIR UNSER KIND EMOTIONAL WÄHREND DES TÖPFCHENTRAININGS?

WELCHE ANPASSUNGEN KÖNNTEN WIR IN UNSEREM ANSATZ ZUM TÖPFCHENTRAINING VORNEHMEN, BASIEREND AUF DEN ERFAHRUNGEN DER LETZTEN TAGE?

TAGEBUCH

WIE VERLIEF DER HEUTIGE TAG IM HINBLICK AUF DAS TÖPFCHENTRAINING?

DATUM

GAB ES HEUTE UNFÄLLE? WIE SIND WIR DAMIT UMGEGANGEN UND WAS KÖNNTEN WIR IN ZUKUNFT ANDERS MACHEN?

WELCHE GEFÜHLE ODER GEDANKEN HATTE ICH HEUTE IN BEZUG AUF DAS TÖPFCHENTRAINING?

WIE UNTERSTÜTZEN WIR UNSER KIND EMOTIONAL WÄHREND DES TÖPFCHENTRAININGS?

WELCHE ANPASSUNGEN KÖNNTEN WIR IN UNSEREM ANSATZ ZUM TÖPFCHENTRAINING VORNEHMEN, BASIEREND AUF DEN ERFAHRUNGEN DER LETZTEN TAGE?

TAGEBUCH

WIE VERLIEF DER HEUTIGE TAG IM HINBLICK AUF DAS TÖPFCHENTRAINING?

DATUM

GAB ES HEUTE UNFÄLLE? WIE SIND WIR DAMIT UMGEGANGEN UND WAS KÖNNTEN WIR IN ZUKUNFT ANDERS MACHEN?

WELCHE GEFÜHLE ODER GEDANKEN HATTE ICH HEUTE IN BEZUG AUF DAS TÖPFCHENTRAINING?

WIE UNTERSTÜTZEN WIR UNSER KIND EMOTIONAL WÄHREND DES TÖPFCHENTRAININGS?

WELCHE ANPASSUNGEN KÖNNTEN WIR IN UNSEREM ANSATZ ZUM TÖPFCHENTRAINING VORNEHMEN, BASIEREND AUF DEN ERFAHRUNGEN DER LETZTEN TAGE?

TAGEBUCH

WIE VERLIEF DER HEUTIGE TAG IM HINBLICK AUF DAS TÖPFCHENTRAINING?

DATUM ____________

☐ ☐ ☐ ☐ ☐

GAB ES HEUTE UNFÄLLE? WIE SIND WIR DAMIT UMGEGANGEN UND WAS KÖNNTEN WIR IN ZUKUNFT ANDERS MACHEN?

WELCHE GEFÜHLE ODER GEDANKEN HATTE ICH HEUTE IN BEZUG AUF DAS TÖPFCHENTRAINING?

WIE UNTERSTÜTZEN WIR UNSER KIND EMOTIONAL WÄHREND DES TÖPFCHENTRAININGS?

WELCHE ANPASSUNGEN KÖNNTEN WIR IN UNSEREM ANSATZ ZUM TÖPFCHENTRAINING VORNEHMEN, BASIEREND AUF DEN ERFAHRUNGEN DER LETZTEN TAGE?

TAGEBUCH

WIE VERLIEF DER HEUTIGE TAG IM HINBLICK AUF DAS TÖPFCHENTRAINING?

DATUM ____________

☐ ☐ ☐ ☐ ☐

GAB ES HEUTE UNFÄLLE? WIE SIND WIR DAMIT UMGEGANGEN UND WAS KÖNNTEN WIR IN ZUKUNFT ANDERS MACHEN?

WELCHE GEFÜHLE ODER GEDANKEN HATTE ICH HEUTE IN BEZUG AUF DAS TÖPFCHENTRAINING?

WIE UNTERSTÜTZEN WIR UNSER KIND EMOTIONAL WÄHREND DES TÖPFCHENTRAININGS?

WELCHE ANPASSUNGEN KÖNNTEN WIR IN UNSEREM ANSATZ ZUM TÖPFCHENTRAINING VORNEHMEN, BASIEREND AUF DEN ERFAHRUNGEN DER LETZTEN TAGE?

TAGEBUCH

WIE VERLIEF DER HEUTIGE TAG IM HINBLICK AUF DAS TÖPFCHENTRAINING?

DATUM ____________

☐ ☐ ☐ ☐ ☐

GAB ES HEUTE UNFÄLLE? WIE SIND WIR DAMIT UMGEGANGEN UND WAS KÖNNTEN WIR IN ZUKUNFT ANDERS MACHEN?

WELCHE GEFÜHLE ODER GEDANKEN HATTE ICH HEUTE IN BEZUG AUF DAS TÖPFCHENTRAINING?

WIE UNTERSTÜTZEN WIR UNSER KIND EMOTIONAL WÄHREND DES TÖPFCHENTRAININGS?

WELCHE ANPASSUNGEN KÖNNTEN WIR IN UNSEREM ANSATZ ZUM TÖPFCHENTRAINING VORNEHMEN, BASIEREND AUF DEN ERFAHRUNGEN DER LETZTEN TAGE?

TAGEBUCH

WIE VERLIEF DER HEUTIGE TAG IM HINBLICK AUF DAS TÖPFCHENTRAINING?

DATUM

GAB ES HEUTE UNFÄLLE? WIE SIND WIR DAMIT UMGEGANGEN UND WAS KÖNNTEN WIR IN ZUKUNFT ANDERS MACHEN?

WELCHE GEFÜHLE ODER GEDANKEN HATTE ICH HEUTE IN BEZUG AUF DAS TÖPFCHENTRAINING?

WIE UNTERSTÜTZEN WIR UNSER KIND EMOTIONAL WÄHREND DES TÖPFCHENTRAININGS?

WELCHE ANPASSUNGEN KÖNNTEN WIR IN UNSEREM ANSATZ ZUM TÖPFCHENTRAINING VORNEHMEN, BASIEREND AUF DEN ERFAHRUNGEN DER LETZTEN TAGE?

TAGEBUCH

WIE VERLIEF DER HEUTIGE TAG IM HINBLICK AUF DAS TÖPFCHENTRAINING?

DATUM

GAB ES HEUTE UNFÄLLE? WIE SIND WIR DAMIT UMGEGANGEN UND WAS KÖNNTEN WIR IN ZUKUNFT ANDERS MACHEN?

WELCHE GEFÜHLE ODER GEDANKEN HATTE ICH HEUTE IN BEZUG AUF DAS TÖPFCHENTRAINING?

WIE UNTERSTÜTZEN WIR UNSER KIND EMOTIONAL WÄHREND DES TÖPFCHENTRAININGS?

WELCHE ANPASSUNGEN KÖNNTEN WIR IN UNSEREM ANSATZ ZUM TÖPFCHENTRAINING VORNEHMEN, BASIEREND AUF DEN ERFAHRUNGEN DER LETZTEN TAGE?

TAGEBUCH

WIE VERLIEF DER HEUTIGE TAG IM HINBLICK AUF DAS TÖPFCHENTRAINING?

DATUM ______________

☐ ☐ ☐ ☐ ☐

GAB ES HEUTE UNFÄLLE? WIE SIND WIR DAMIT UMGEGANGEN UND WAS KÖNNTEN WIR IN ZUKUNFT ANDERS MACHEN?

WELCHE GEFÜHLE ODER GEDANKEN HATTE ICH HEUTE IN BEZUG AUF DAS TÖPFCHENTRAINING?

WIE UNTERSTÜTZEN WIR UNSER KIND EMOTIONAL WÄHREND DES TÖPFCHENTRAININGS?

WELCHE ANPASSUNGEN KÖNNTEN WIR IN UNSEREM ANSATZ ZUM TÖPFCHENTRAINING VORNEHMEN, BASIEREND AUF DEN ERFAHRUNGEN DER LETZTEN TAGE?

TAGEBUCH

WIE VERLIEF DER HEUTIGE TAG IM HINBLICK AUF DAS TÖPFCHENTRAINING?

DATUM ____________

☐ ☐ ☐ ☐ ☐

GAB ES HEUTE UNFÄLLE? WIE SIND WIR DAMIT UMGEGANGEN UND WAS KÖNNTEN WIR IN ZUKUNFT ANDERS MACHEN?

WELCHE GEFÜHLE ODER GEDANKEN HATTE ICH HEUTE IN BEZUG AUF DAS TÖPFCHENTRAINING?

WIE UNTERSTÜTZEN WIR UNSER KIND EMOTIONAL WÄHREND DES TÖPFCHENTRAININGS?

WELCHE ANPASSUNGEN KÖNNTEN WIR IN UNSEREM ANSATZ ZUM TÖPFCHENTRAINING VORNEHMEN, BASIEREND AUF DEN ERFAHRUNGEN DER LETZTEN TAGE?

TAGEBUCH

WIE VERLIEF DER HEUTIGE TAG IM HINBLICK AUF DAS TÖPFCHENTRAINING?

DATUM ________________

☐ ☐ ☐ ☐ ☐

GAB ES HEUTE UNFÄLLE? WIE SIND WIR DAMIT UMGEGANGEN UND WAS KÖNNTEN WIR IN ZUKUNFT ANDERS MACHEN?

WELCHE GEFÜHLE ODER GEDANKEN HATTE ICH HEUTE IN BEZUG AUF DAS TÖPFCHENTRAINING?

WIE UNTERSTÜTZEN WIR UNSER KIND EMOTIONAL WÄHREND DES TÖPFCHENTRAININGS?

WELCHE ANPASSUNGEN KÖNNTEN WIR IN UNSEREM ANSATZ ZUM TÖPFCHENTRAINING VORNEHMEN, BASIEREND AUF DEN ERFAHRUNGEN DER LETZTEN TAGE?

TAGEBUCH

WIE VERLIEF DER HEUTIGE TAG IM HINBLICK AUF DAS TÖPFCHENTRAINING? DATUM ______

☐ ☐ ☐ ☐ ☐

GAB ES HEUTE UNFÄLLE? WIE SIND WIR DAMIT UMGEGANGEN UND WAS KÖNNTEN WIR IN ZUKUNFT ANDERS MACHEN?

WELCHE GEFÜHLE ODER GEDANKEN HATTE ICH HEUTE IN BEZUG AUF DAS TÖPFCHENTRAINING?

WIE UNTERSTÜTZEN WIR UNSER KIND EMOTIONAL WÄHREND DES TÖPFCHENTRAININGS?

WELCHE ANPASSUNGEN KÖNNTEN WIR IN UNSEREM ANSATZ ZUM TÖPFCHENTRAINING VORNEHMEN, BASIEREND AUF DEN ERFAHRUNGEN DER LETZTEN TAGE?

TAGEBUCH

WIE VERLIEF DER HEUTIGE TAG IM HINBLICK AUF DAS TÖPFCHENTRAINING?

DATUM ____________

☐ ☐ ☐ ☐ ☐

GAB ES HEUTE UNFÄLLE? WIE SIND WIR DAMIT UMGEGANGEN UND WAS KÖNNTEN WIR IN ZUKUNFT ANDERS MACHEN?

WELCHE GEFÜHLE ODER GEDANKEN HATTE ICH HEUTE IN BEZUG AUF DAS TÖPFCHENTRAINING?

WIE UNTERSTÜTZEN WIR UNSER KIND EMOTIONAL WÄHREND DES TÖPFCHENTRAININGS?

WELCHE ANPASSUNGEN KÖNNTEN WIR IN UNSEREM ANSATZ ZUM TÖPFCHENTRAINING VORNEHMEN, BASIEREND AUF DEN ERFAHRUNGEN DER LETZTEN TAGE?

IMPRESSUM

Die Autorin **Janina Hasenkamp** wird vertreten durch:

Oktavian Kurzynski
Leopoldstraße 2-8
32051 Herford

ISBN

Taschenbuch
978-3-911142-05-2

BILDNACHWEIS

Shutterstock - Stock-Vektorgrafik ID: 2149794235
Vektorgrafik-Anbieter - Aust28
Canva.com - Premium